So lerne ich stenografieren

Vom ersten stenografischen Zeichen
bis zur sicheren Anwendung der Verkehrsschrift

Bearbeitet von

Hans Lambrich

und

Margit Lambrich

Winklers

Einleitung

Nach diesem Buch lernen Sie die Verkehrsschrift der Deutschen Einheitskurzschrift. Zugleich lernen Sie, wie Sie die Stenografie beruflich und privat nutzen können.

Die Reihenfolge der Lerninhalte ist so gewählt, dass Sie mit dem erarbeiteten stenografischen Material (Mitlautzeichen, Sinnbilder, Kürzel) von Anfang an auch Wörter schreiben können, die nicht im Buch stehen. Sie können also selbstständig eigene Beispiele suchen und stenografisch korrekt niederschreiben.

Das Vierliniennetz. Damit Sie möglichst genau stenografieren, schreiben Sie bitte zunächst nur in das stenografische Vierliniennetz. Sie können ein Stenoheft (A5) oder A4-Blätter mit dem Vierliniennetz verwenden. Aus langer Erfahrung raten wir Ihnen schon am Anfang auf dem großen Format zu schreiben. Dann sind Sie auf die späteren Übungen im stenografischen Notieren und Konzipieren gut vorbereitet.

Obergrenze
Oberlinie
Grundlinie
Untergrenze

Das richtige Schreibgerät ist für das Stenografieren sehr wichtig. Wenn Sie mit Tinte schreiben wollen, verwenden Sie bitte einen Stenofüller. Er hat eine besonders feine, hoch elastische Feder. Stenografieren kann man aber auch mit einem weichen Bleistift, den man häufig spitzen muss, damit eine dünne Schrift erzielt wird und etwaige Verstärkungen leicht auszuführen sind.

Genau schreiben. Die Kurzschrift verwendet nur Teilzüge der gewöhnlichen Schrift („Langschrift"). Die Kurzschriftzeichen sind also viel kürzer, haben aber auch weniger Merkmale. Darum müssen Sie diese Merkmale stets beachten und deutlich herausarbeiten. Dies sind die fünf wichtigsten Schriftmerkmale:

> Schriftlage (Schreibrichtung) – Zeichengröße – Zeichenform (Kopf, Mitte, Fuß) – Verbindungsweite (eng oder weit) – Schriftstärke (Abstrich unverstärkt oder verstärkt).

Stenografische Rechtschreibung. Die umständliche Orthografie der Langschrift wird stark vereinfacht.

- Wir verzichten (fast immer) auf die Mitlautverdopplung:
  kommen = komen, drücken = drüken, spitzen = spizen.
- Wir arbeiten nicht mit großen und kleinen Anfangsbuchstaben:
  Buch = buch, Schrift = schrift.
- Wir kennen keine Dehnung durch Selbstlautverdopplung, Dehnungs-h und langes i (ie):
  Boot = bot, Lehne = lene, Bier = bir.
- Fremdwörter (und bekannte Namen) schreiben wir oft nur nach der Aussprache; das ist meist kürzer und deutlich genug:
  Philosoph = filosof, Amateur = amatör, Niveau = niwo.

Mitautfolgezeichen. Für die häufigsten Mitlautfolgen gibt es besondere Zeichen, die die Schrift noch kürzer machen: *ng, cht, tr, sch, schr, schw, sp, spr, st, str usw*

Kürzel. Schon die Langschrift kennt für viele Begriffe feste „Abkürzungen". Die Stenografie baut dieses Verfahren aus und verwendet für die häufigsten Wörter (falls sie ausgeschrieben nicht schon sehr kurz sind) „Kürzel".

Was ist beim Erlernen der Stenografie zu beachten?

1. Betrachten Sie die Schrift des Buches (und ebenso die Tafelschrift des Lehrers) in allen Einzelheiten. Erfassen Sie alle Merkmale eines Wortbildes so genau wie möglich.
2. Lesen und durchdenken Sie die Regeln (R). Vergleichen Sie den Regelwortlaut mit den zugehörigen stenografischen Beispielen.
3. Vor dem Schreiben kommt das Lesen. Schreiben Sie nicht, bevor Sie das Wort, die Wendung, den Satz gelesen haben. Das Lesen ist so wichtig wie das Schreiben. Geübte Texte sollten Sie wie gewöhnliche Schrift (Klartext) lesen können.
4. Schreiben Sie langsam und sorgfältig. Setzen Sie innerhalb eines Wortes nicht ab (Ausnahme: stenografische Worttrennung). Vergleichen Sie Ihre Schrift kritisch mit der des Buches.
5. Mit einmaligem Abschreiben ist es nicht getan. Schreiben Sie daher alle Übungen bis zur Geläufigkeit.
6. Lösen Sie alle Übertragungsaufgaben (Ü) und die anderen Aufgaben selbstständig.
7. Wiederholung ist auch und gerade beim Erlernen der Kurzschrift sehr wichtig. Überschlagen Sie die sechs besonderen Wiederholungsübungen nicht („Wir Wiederholen").
8. Von besonderer Bedeutung ist das „stenografische Handling": Statt einfach abzuschreiben, gehen Sie selbstständig mit stenografischem Material um: Sie tauschen Zeichen, erweitern Wörter durch Vor- oder Nachsilben, ändern die Zeit (Tempus), Aussageweise (Modus) oder Personen und Zahl (Numerus) usw. Dieses „stenografische Handling" ist der erste Schritt zum selbstständigen Stenografieren.
9. Der zweite Schritt heißt: stenografische Beantwortung von Fragen. Geben Sie sich bei diesen Übungen besondere Mühe. Sie werden dann schon bald sicher stenografieren können.
10. Nach der Erarbeitung der 45. Lektion kennen Sie alle stenografischen Zeichen, Sinnbilder und Kürzel. Nun gilt es, dieses Kennen in Können umzusetzen. Trainieren Sie alle Fließtexte intensiv im Lesen nach der Uhr und im Schreiben nach steigendem Diktat.

> **Ihr Endziel: Stenografisch notieren und konzipieren**
>
> Nach dem Übergang vom Heft zum Block (vom Vierliniennetz auf einfache Grundlinie) werden Sie mit der spezifischen stenografischen Aufzeichnungs- und Korrekturtechnik vertraut gemacht. Zugleich lernen Sie die Techniken für Stichwortnotizen, Inhaltsauszüge und die Auswertung gehörter Informationen.

Wir wünschen Ihnen viel Arbeitsfreude und guten Erfolg.

Hans Lambrich *Margit Lambrich*

7., durchgesehene Auflage, 2007
Druck 4, Herstellungsjahr 2013

Westermann Schroedel Diesterweg
Schöningh Winklers GmbH
Postfach 33 20, 38023 Braunschweig
service@winklers.de
www.winklers.de
Druck: westermann druck GmbH, Braunschweig

ISBN 978-3-8045-**8312**-2

1 Wir fangen an: *t, r, tr, b, br; e, o*

Könner können Kurzschrift

Die Kurzschrift (Stenografie) kann Ihnen ein guter und nützlicher Helfer werden. Wenn Sie dieses Buch durcharbeiten, werden Sie die Stenografie schon bald in vielen Fällen statt der umständlichen Langschrift einsetzen. Sie gewinnen Zeit. Die Kurzschrift wird Ihnen hervorragende Dienste leisten: bei allen Notizen, beim Festhalten von Referaten, Vorträgen, Radio- und Fernsehsendungen, Telefonaten, beim Abfassen von Manuskripten, beim Protokollieren oder als Gedächtnisstütze – beruflich und privat, beim „lebenslangen Lernen". „Mit dem Bleistift in der Hand", heißt die Devise.

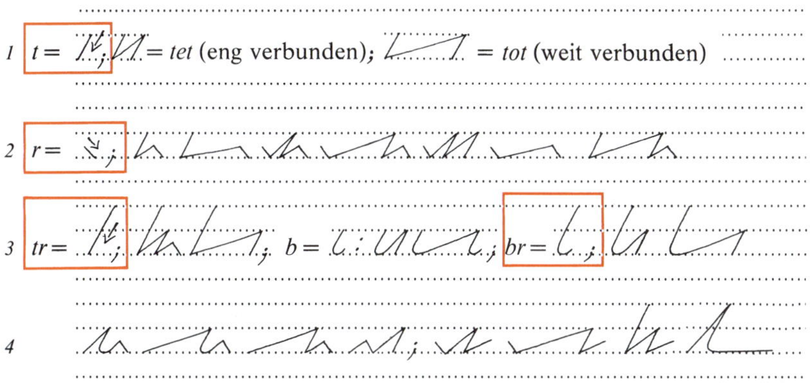

R 1: Verbinden Sie zwei Zeichen normal (eng), bedeutet das schon *e*. Wenn die Verbindung dreimal so weit ist, lesen Sie den Selbstlaut (Vokal) *o*.

R 2: Wir verzichten auf Großschreibung sowie auf Schärfung und Dehnung.

R 3: Fängt das Wort mit einem Selbstlaut (Vokal) an, beginnt der Anstrich an der Grundlinie. Der Anstrich ist bei *e* kurz, bei *o* dreimal so lang. Am Wortende ist *e* ein halbstufiger Aufstrich, *o* ein weiter flacher Strich.

Übertragungsaufgabe = Ü:

(Achten Sie besonders auf die Unterscheidung *eng : weit* und auf die Lage von *t, tr, b, br : r.*)

Ehre, Rohre, Boote, Bohrer, Eber, Ober, Bretter, Brote, Trott, Retter, Tore, Torero, Ebro, roter, Brett, Brot, Treter, trete, tretet, Beete, Bett, betet, ob, Ebbe, Rebe, Robe, Rotor.

2 Kürzel: *der, die, und, ist, sind*

R 4: Schon die Langschrift kennt für zahlreiche Wörter Abkürzungen (*z. B., d. M., AG, GmbH, Kfz usw.*). Die Stenografie hat für besonders häufige Wörter „Kürzel". Die Kürzel machen die Kurzschrift noch kürzer.

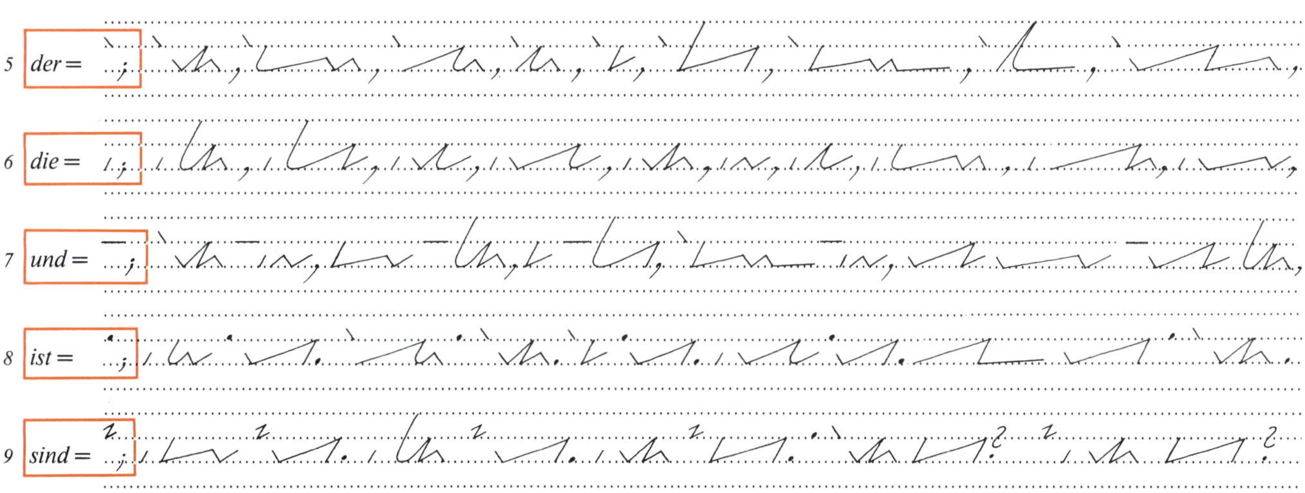

Seit wann stenografiert man? Ist die Stenografie hundert, tausend oder gar zweitausend Jahre alt? Es wird Sie überraschen: Seit über zweitausend Jahren hilft die Stenografie dem Menschen, schneller zu schreiben als mit der gewöhnlichen Schrift. Natürlich haben sich die Kurzschriftsysteme inzwischen geändert; sie wurden neuen Bedürfnissen angepasst und weiterentwickelt.

Die „Deutsche Einheitskurzschrift", die Sie hier erlernen, ist mit ihren drei Systemstufen (Verkehrsschrift, Eilschrift, Redeschrift) sehr leistungsfähig. Sie erleichtert das Notieren und Entwerfen ebenso wie das Aufnehmen von Diktaten und ermöglicht es sogar, auch der schnellsten Rede wortwörtlich zu folgen.

Ü: Die Ehre, die Rohre, die Boote, die Bohrer, der Bohrer, der Eber, die Eber, der Ober, die Ober, die Bretter, die Brote, der Trott, die Ehre und die Retter, die Boote und die Tore, der Ober und der Retter, der Torero und die Retter. — Ist die Rebe rot? Sind die Bretter rot? Ist der Retter tot? Ist der Tee rot?

Ganz bestimmt lohnt es sich auch für Sie, die Kurzschrift zu erlernen.

3 *n; ganz enge Verbindung; a*

1 *n* =
2
3 *-a-;*
4 *a-;*
5 *-a* =

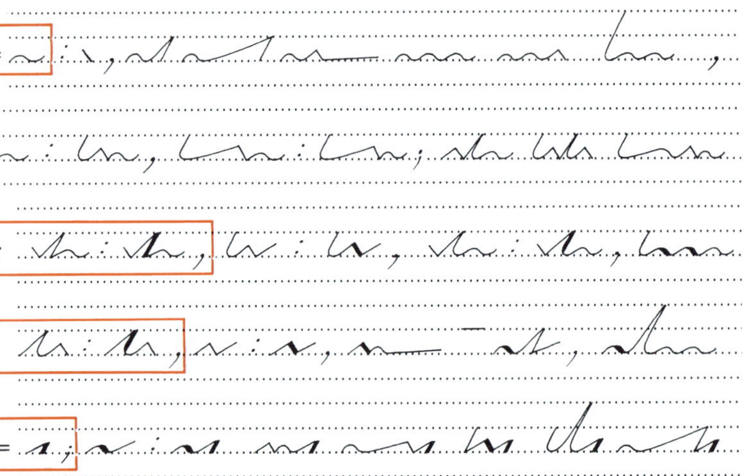

R 5: Das Zeichen für *n* ist kleiner als eine halbe Stufe („unterhalbstufig").

R 6: Mitlaute, die unmittelbar aufeinander folgen, werden ganz eng verbunden.

R 7: *a* wird durch enge Verbindung (wie *e*) und Verstärkung des folgenden Zeichens dargestellt. Verstärkt wird nur der Abstrich.

R 8: Aufstriche kann man nicht verstärken. Dem Aufstrich für *e* wird deshalb ein verstärkter Abstrich für *a* am Wortende angefügt.

Ü: Die Not, die Note, der Notar, der Tenor, die Tannen, Renate und Babette, Nora und Erna, Bonn und Bern, neben der Tonne, neben der Tanne. Die Notare sind oben. Die Reben sind rot. Die Traber rennen.

4 Kürzel: *in, ich, den ohn(e), es*

6 *in* =
7 *ich* =
8 *den* =
9 *ohn(e)* =
10 *es* =

Ü: Der Bote, die Boten, den Boten, in Bebra und in Bern, ohne Boote, ohne die Beeren und ohne Bananen, es ist rot, es sind die Noten, es sind die Notare, in den Tonnen, an den Tannen, ohne die oberen Tore.

Aufgaben

1. Lesen Sie zunächst eine Zeile. 2. Schreiben Sie dann die neu zu bildenden Wörter.

11 *e* gegen *o* tauschen: (= usw.) *t* gegen *b* tauschen:
12 *e* gegen *a* tauschen: (= usw.)
13 *r* gegen *n* tauschen: 1-stufiges Zeichen gegen 2-stufiges tauschen: (= usw.)
14 Selbstlaut (Vokal) an den Anfang stellen: (= usw.)

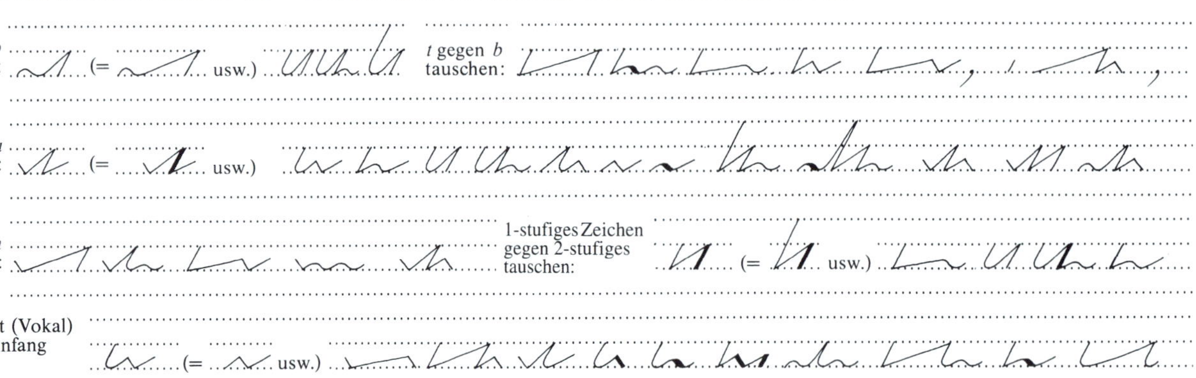

Die Tauschaufgaben („stenografisches Handling") steigern Ihre Sicherheit.

83124

5 *Aufstrich-t; Häkchen*

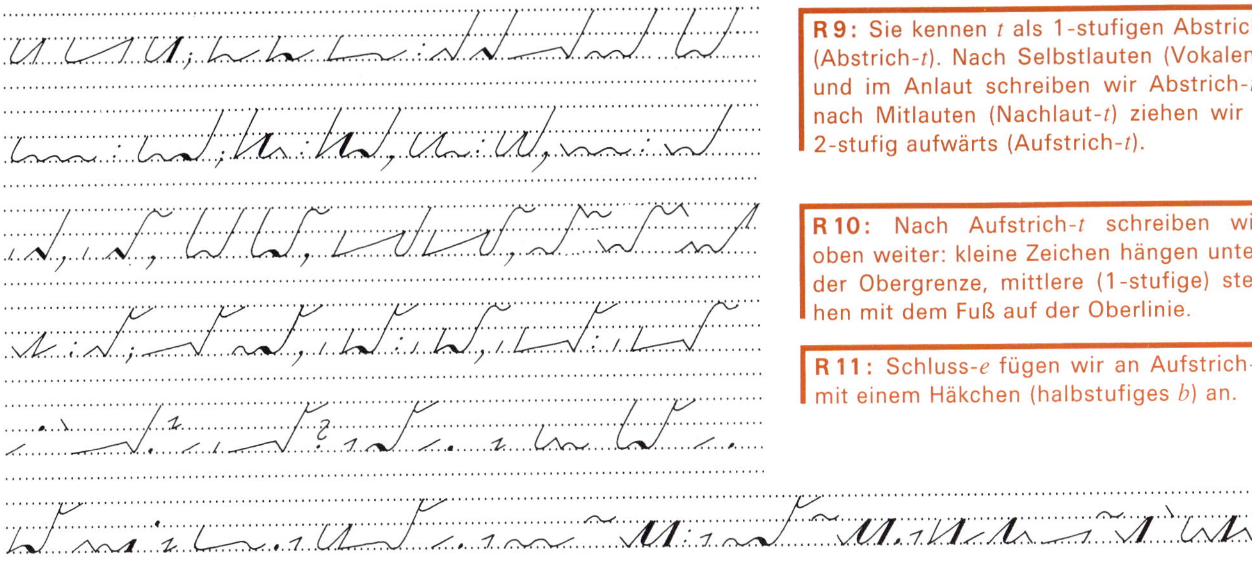

R 9: Sie kennen *t* als 1-stufigen Abstrich (Abstrich-*t*). Nach Selbstlauten (Vokalen) und im Anlaut schreiben wir Abstrich-*t*; nach Mitlauten (Nachlaut-*t*) ziehen wir *t* 2-stufig aufwärts (Aufstrich-*t*).

R 10: Nach Aufstrich-*t* schreiben wir oben weiter: kleine Zeichen hängen unter der Obergrenze, mittlere (1-stufige) stehen mit dem Fuß auf der Oberlinie.

R 11: Schluss-*e* fügen wir an Aufstrich-*t* mit einem Häkchen (halbstufiges *b*) an.

Ü: Ehret die Toten : ehrt die Toten! Bob und Otto ahnten es. Der Rentner ist in Not. Die Rentner sind in Not. Die Boote entern. Erna betonte es. Anna nannte die Tara. Renate und Bert ernteten rote Beeren.

6 *rr;* Kürzel: *er, er-, er-r, hatt-;* Selbstlaute nach *e* und *o*

7 *rr* =

8 *er* =

9 *er-* (Vorsilbe): … *er-r:*

10 *hatt-* =

11

12

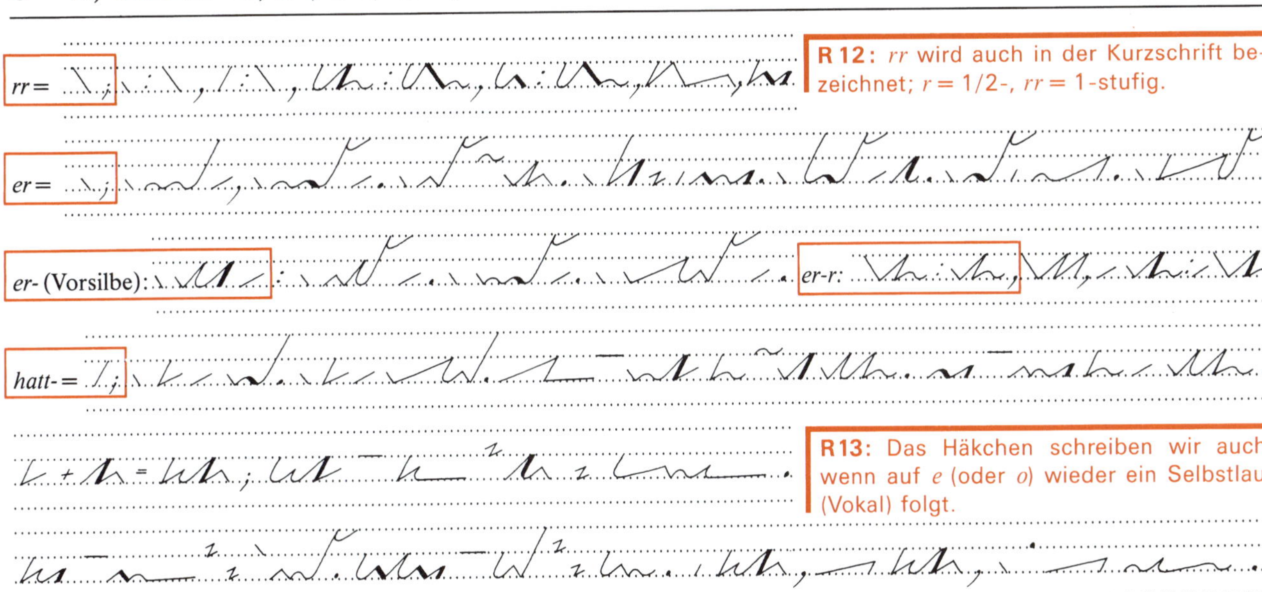

R 12: *rr* wird auch in der Kurzschrift bezeichnet; *r* = 1/2-, *rr* = 1-stufig.

R 13: Das Häkchen schreiben wir auch, wenn auf *e* (oder *o*) wieder ein Selbstlaut (Vokal) folgt.

Aufgaben

1. Lesen Sie zunächst eine Zeile. 2. Schreiben Sie dann die neu zu bildenden Wörter bzw. Sätze.

13 *er- (er-r)* davorsetzen:

14 Sätze abwandeln mit *hatte* und *es*: (= … usw.),

15 *ich* gegen *er* tauschen: (= … usw.),

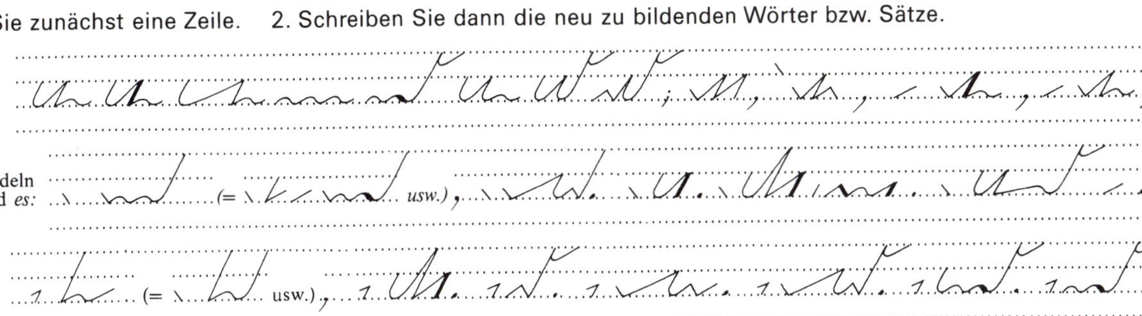

Achten Sie auf die Schriftlage: t : rr, er : die. Schreiben Sie das Häkchen als halbstufiges b.

7 *g, gr, m, ng, j*

1 *g* = 

2 *gr* = 

3 *m* = 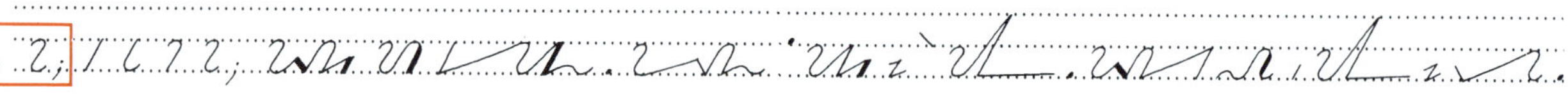

4 *ng* = 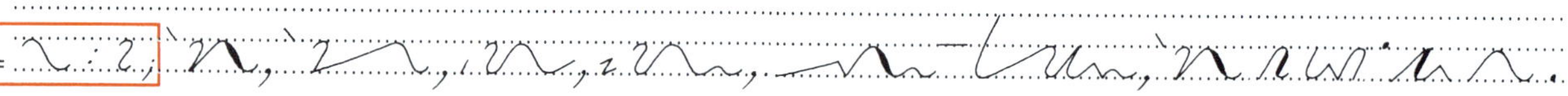

5 *j* = 

R 14: *j* ist ein links auslaufendes Zeichen. Wenn ein Aufstrich folgt, ergibt sich von selbst eine kleine Verbindungsschleife; sie unterscheidet *j* deutlich von *tr*.

6 

Ü: Es gab Rabatt. Der Agent hatte betrogen. Die Grotte ist eng. Der Gong ist in Bremen. Am Montag hatte Emma den Antrag. Gregor hatte Monogramme. Der Anatom hatte Atemnot. Der Major nannte die Namen. Morgen sind Marga und Margot am Meer. Die Regatta ist in Bremen. Der Manager mag Mambo und Tango.

8 *ä = e;* Kürzel: *dem, gegen, nicht,* Vorsilbe *(-)ge-*

7 

R 15: Wenn keine Verwechslung möglich ist, darf *ä* durch *e* ersetzt werden.

8 *dem* = 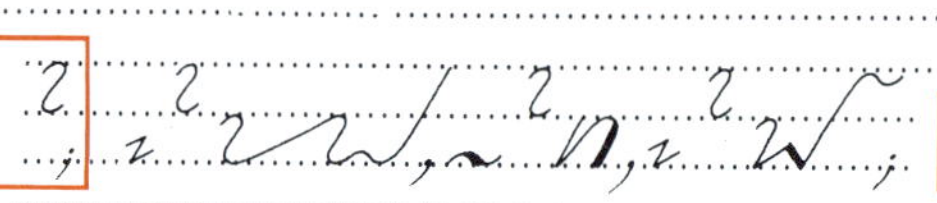 *gegen* = 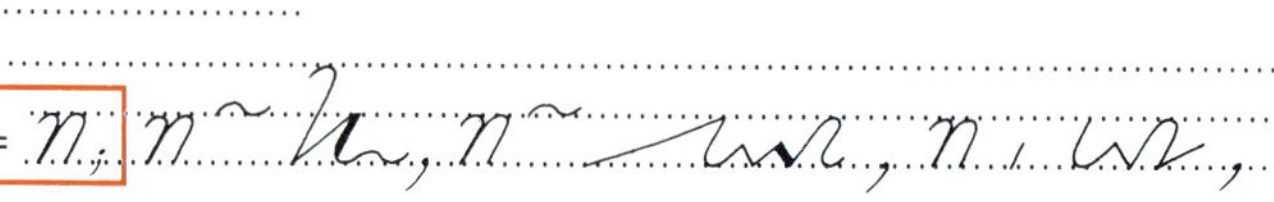

9 *nicht* = 

R 16: Am Wortanfang wird *ge-* bis zum nächsten Zeichen aufwärts geschrieben. Im Wortinnern ist *-ge-* 1 1/2-stufig bis zur Untergrenze abwärts zu ziehen.

10 *ge-* = 

11 *-ge-:* 

Aufgaben

1. Lesen Sie zunächst eine Zeile. 2. Schreiben Sie dann die zu bildenden Wörter und Sätze.

12 *ge-* davorsetzen: 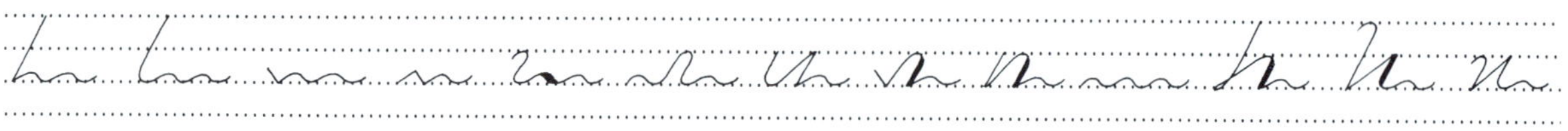

13 Setzen Sie *hatt-* ein: 

14 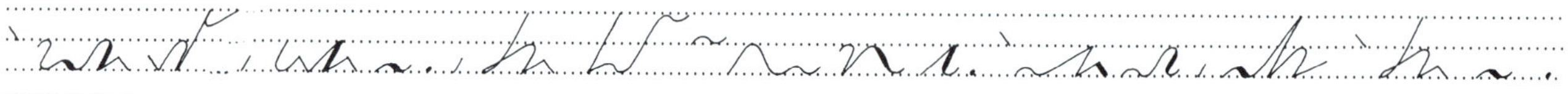

15 Fragen verneinen: 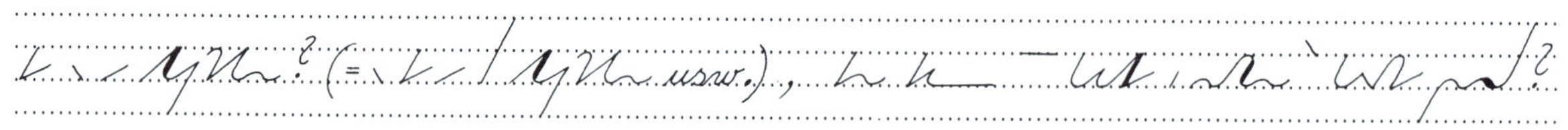

Die schriftliche Beantwortung von Fragen ist ein wichtiger Schritt zum selbstständigen Stenografieren.

83126

9 Sprachliche Gliederung; *k, kr; ö*

1 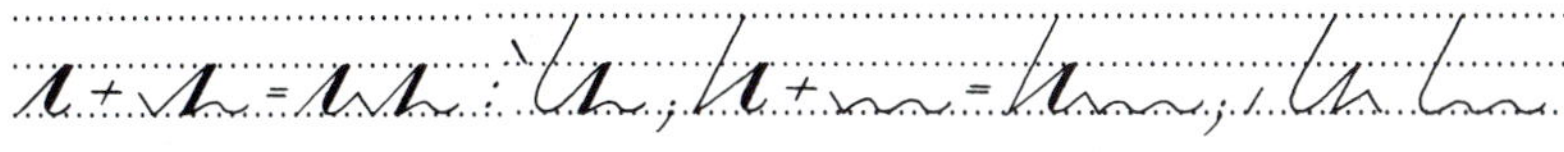

2 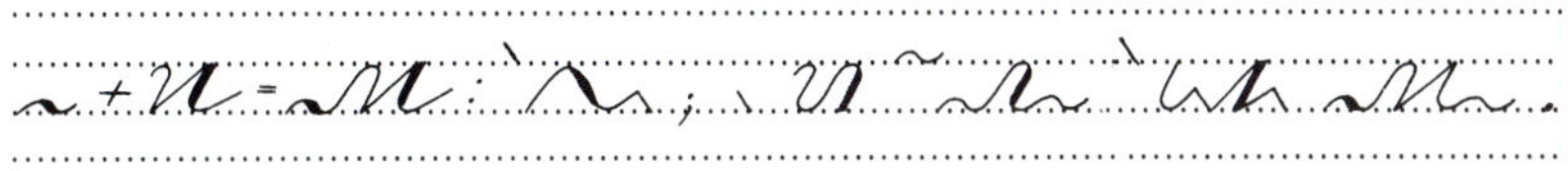

3 

4 *k* = 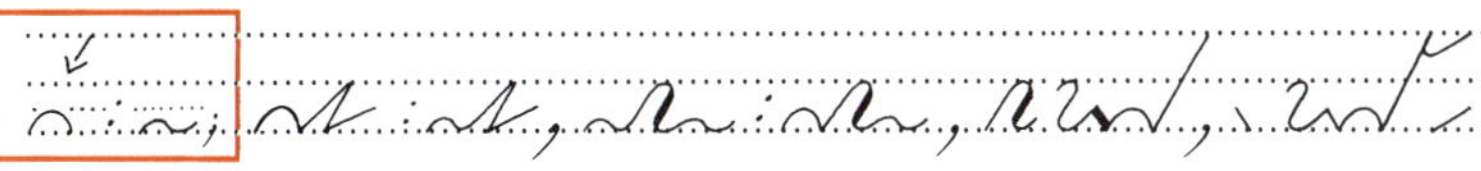

5 

6 *kr* = 

7 -ö-; 

8 ö- = 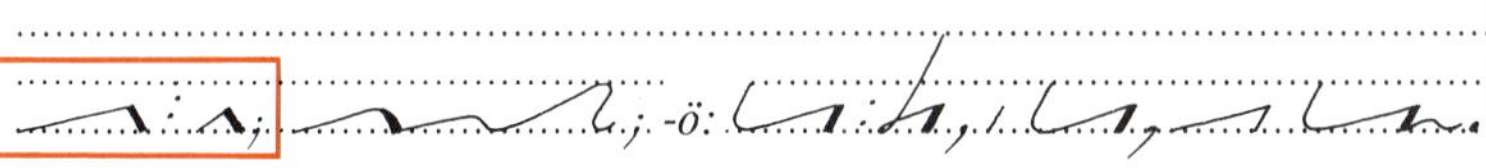

R17: Wir beachten die Gliederung des Wortes (Stamm, Vor- und Nachsilben). Mitlautfolgezeichen (z. B. *br, tr*) nicht anwenden, wenn die Lautfolge zu zwei verschiedenen Wortteilen gehört (vgl. *ab + raten; Trab + rennen*).

R18: Nach deutschen Vorsilben und Vorwörtern schreiben wir kein Häkchen. Wir merken besonders: nach *be-* kein Häckchen!

R19: *k* ist halbstufig (*n* = unterhalbstufig). Wir achten bei *k* besonders auf den schrägen Abstrich. Für *ck* schreiben wir nur *k*.

R20: *ö* wird – wie *o* – durch weite Verbindung, zusätzlich aber durch Verstärkung des folgenden Zeichens bezeichnet. Das *ö*-Zeichen (wie *a*-Zeichen, aber mit weiter Verbindung) ist selten.

Ü: Er hatte dem Beamten die bekannten Namen korrekt genannt. Ottokar und Jakob erörtern den Bankrott. Der Ökonom ist in Amberg beamtet. Der Gong ertönte. Jörg ist nicht gekränkt. Die Objekte in Ankara sind bekannt. Die Tanker sind in den Orkanböen. Die trockenen Bretter brannten. Die Krater sind in den Bergen.

10 Kürzel: *kann, konnt-, könn-;* Vorsilbe *kon-;* Abkürzungen

9 *kann* = 

10 *konnt-* = 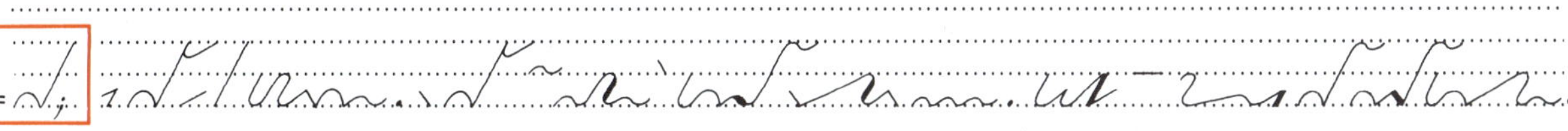

11 *könn-* = 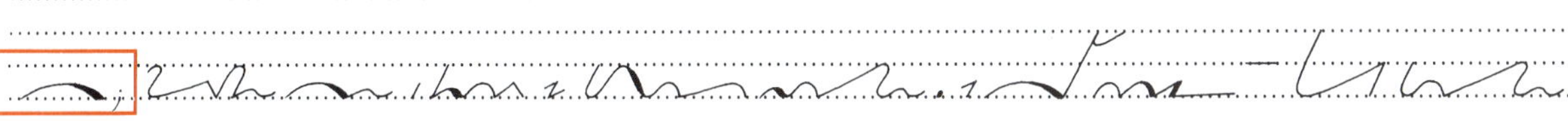

12 *kon-* = 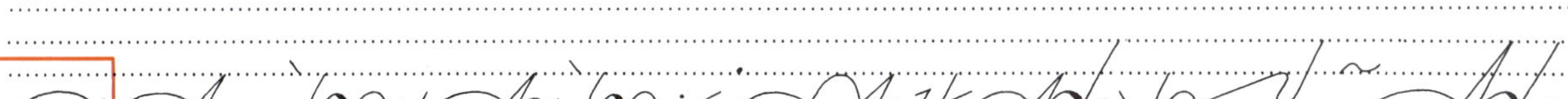

13 *Meter* = *m* = 

14 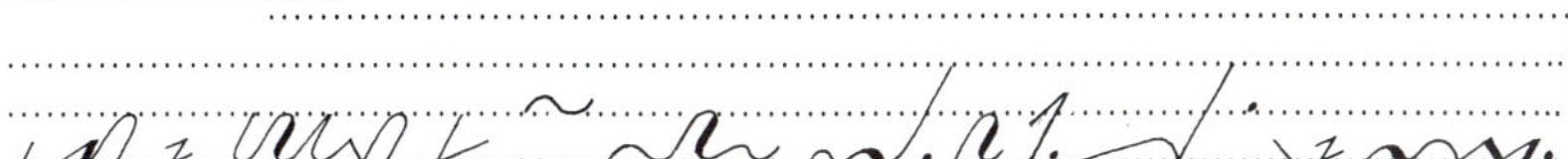

R21: Abkürzungen der Langschrift dürfen (ohne Punkt) in die Kurzschrift übertragen werden (vgl. *m, km, Jan., Okt.*). Ziffern schreiben wir 1 1/2-stufig.

Aufgaben Schreiben Sie die folgenden Sätze zunächst mit *konnt-*, dann mit *könnt-*.

15 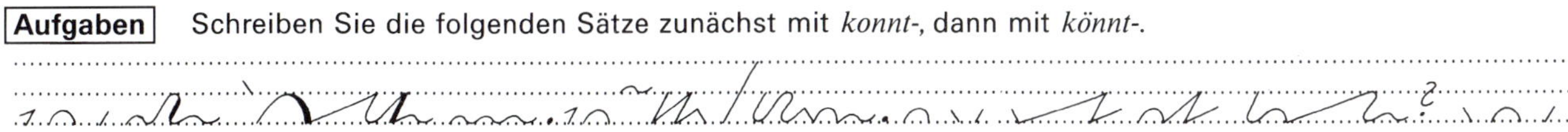

16 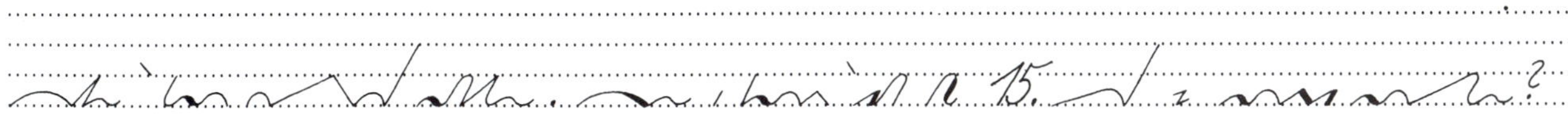

Lesen Sie nicht nur aus dem Buch, sondern auch alles, was Sie selbst geschrieben haben.

A. Kennen Sie die Regeln?

Bitte ergänzen Sie die Lücken. Die folgenden Stenozeilen wollen Ihnen dabei helfen.

1 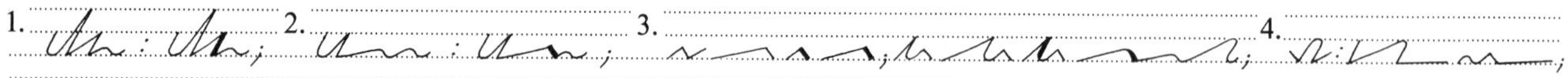

2 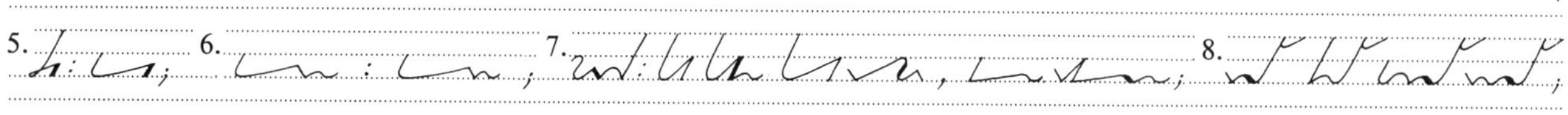

3 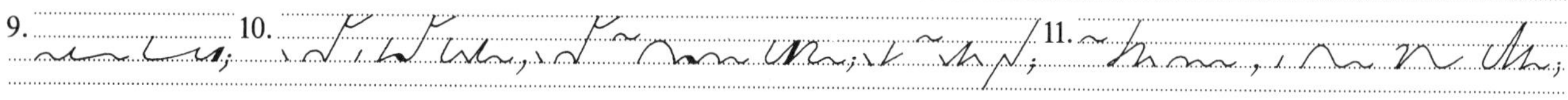

4 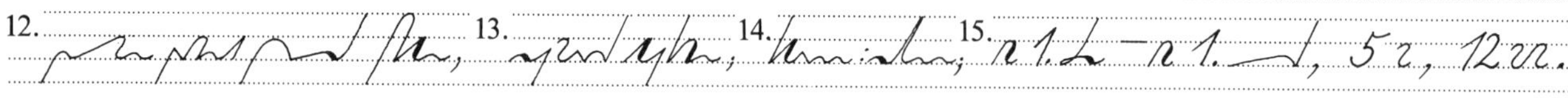

1. Das Merkmal (Sinnbild) für *e* ist ... Verbindung, das Merkmal für *a* zusätzlich mit ...
2. Das Merkmal (Sinnbild) für *o* ist ... Verbindung, das Merkmal für *ö* zusätzlich mit ...
3. Steht der Selbstlaut (Vokal) am Anfang (im Anlaut) des Wortes, beginnt der Anstrich an der ...
4. Am Wortende (im Auslaut) ist *e* ein ...stufiger ...strich, *o* ein weiter ...strich.
5. Am Wortende ist *a* ein ...stufiger Aufstrich und verstärkter ...strich, *ö* wie *a*, jedoch mit ... Verbindung.
6. Mitlaute (Konsonanten), die unmittelbar aufeinanderfolgen, werden ... ... verbunden.
7. Nach Mitlauten (Konsonanten) wird *t* ...wärts gezogen und ist dann ...stufig.
8. Schluss-*e* fügen wir an Aufstrich-*t* mit einem ...stufigen ... an.
9. Wenn auf *e* und *o* wieder ein ... folgt, wird ein ...stufiges ... eingefügt.
10. Nach deutschen ...silben (...wörtern) schreiben wir ... Häkchen.
11. Wenn keine Verwechslung möglich ist, darf man *ä* durch ... ersetzen.
12. Am Wortanfang wird *ge-* ...wärts bis zum nächsten ... gezogen.
13. Im Wortinnern wird *-ge-* ...wärts und ...stufig geschrieben und vom ... getrennt.
14. Mitlautfolgezeichen werden nicht verwendet, wenn die Lautfolge zu ... Wortteilen gehört.
15. Die Abkürzungen der Langschrift dürfen ... Punkt in die Kurzschrift übertragen werden.

B. Sätze vervollständigen

Bitte setzen Sie die in Klammern stehenden Wörter ein. Stenografieren Sie jeden Satz zweimal.

5 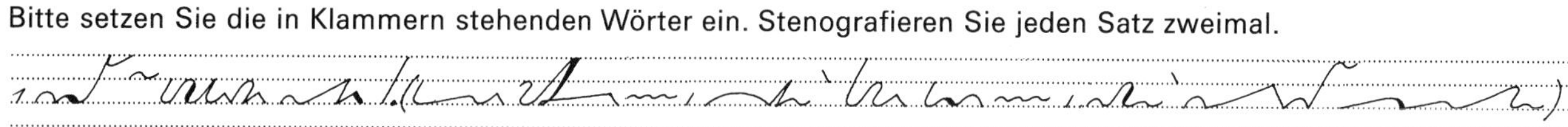

6 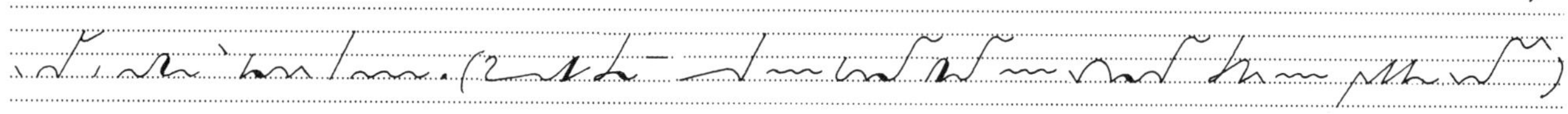

7 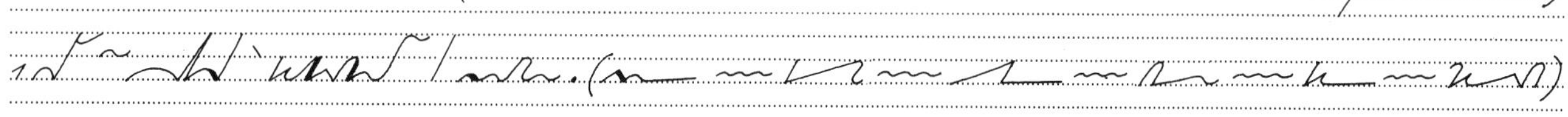

C. Kürzel trainieren

1. Lesen Sie die Zeilen 8 – 10 bis zur Geläufigkeit. 2. Schreiben Sie jeden Satz zweimal. 3. Übertragen Sie diese Zeilen in Lang- oder Maschinenschrift. 4. Fertigen Sie danach eine „Rückübertragung". Kontrolle!

8 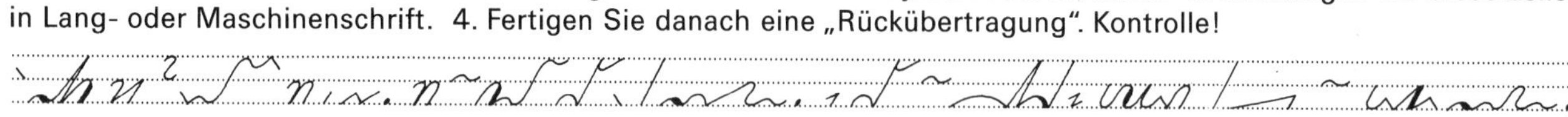

9 

10 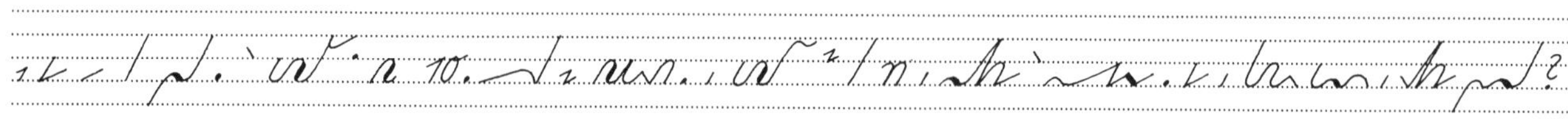

Ü:

a) Stenografieren Sie einen Einkaufszettel; schreiben Sie die Artikel untereinander.
Tomaten, Karotten, Bohnen, Rote Bete, Mokka, Kakao, Roggenbrot, Kroketten, Makronen.

b) Notieren Sie stenografisch folgende Anschriften:
Otmar Korn, Am Tor 5, 28239 Bremen; Gregor Körber, Am Bogen 11, 53126 Bonn.

c) Kennen Sie diese Fremdwörter? Bitte stenografieren Sie sie:
Embargo, Objekte, Jargon, Tamtam, Toga, Regenerator, Job, Brokat, Barock, Rokoko, Monogramm, Bajonett, arrogant.

Arbeiten Sie diese Wiederholungsseite gründlich durch. Stenografieren Sie stets sorgfältig.

11 *w, wr; ent-, ant-;* Regeln für Fremdwörter

1 w =

2 wr = ; ent- =

3 ant- =

4

5

R 22: Wenn es zweckmäß ist, schreiben wir Fremdwörter und Namen nach der Aussprache, z. B. *amateur = amatör, bravo = brawo.*

R 23: Im Wortinnern von Fremdwörtern und Namen (außer in tonlosen *e*-Silben) schreiben wir Abstrich-*t*.

Ü: Ich konnte es nicht erwarten. Der Gegner war gewarnt. Werner war in Ottawa. Nenne mehrere Kantone. Wer kennt den Monteur? Der Reaktor ist bekannt. Wer antwortet dem Bewerber? Hatte er den Wagen entbehrt? Wer könnte die Waren entgegennehmen? Wer hatte die Bewohner gewarnt? Wer könnte den Tanker abwracken?

12 Kürzel: *wo, wir, wird, werd-, worden, wenn*

6 wo =

7 wir =

8 wird =

9 werd- =

10 worden =

11 wenn =

Aufgaben

1. Lesen Sie zunächst eine Zeile. 2. Schreiben Sie dann die neu zu bildenden Wörter und Sätze.

12 *ent-* davorsetzen: … *ich* gegen *wir* tauschen:

13 *ich* gegen *er* tauschen:

14 *wird* gegen *worden* tauschen:

Fragen beantworten

1. Stenografieren Sie die Fragen. 2. Beantworten Sie die Fragen stenografisch in vollständigen Sätzen.

15 a) … b)

16 c) … d)

17 e) … f)

Für Ihr stenografisches Können ist es wichtig, dass Sie alle Aufgaben vollständig lösen.

13 *h, ch, cht;* Silbenzeichen *u(h)r*

h = · ch =

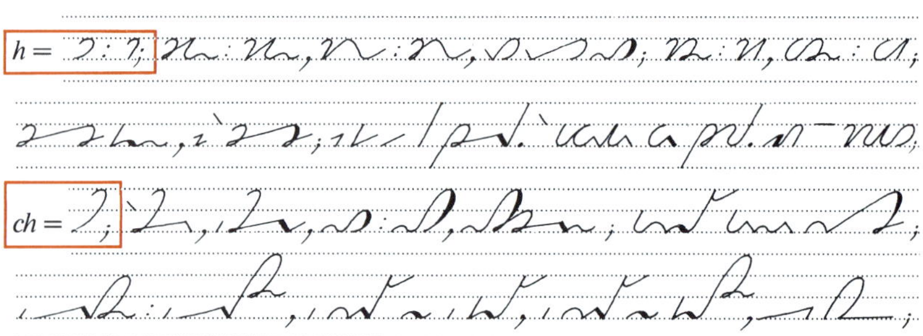

R 24: Nur Dehnungs-*h* wird weggelassen. Silbentrennendes *h* wird geschrieben. Stammschließendes *h* vor der Endung *t* entfällt (vgl. *gehen : geht).*

R 25: Vor großen Zeichen (z. B. *ch*) schreiben wir Aufstrich-*t* dreistufig. Vor Flachstrichen verzichten wir auf die kleine Verbindungsschleife.

cht =

(-)u(h)r(-) =

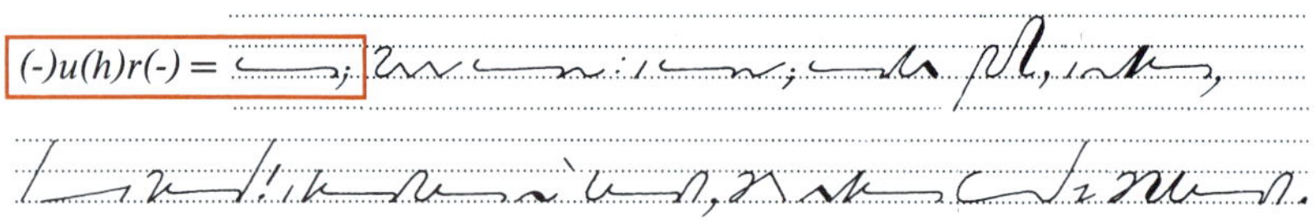

R 26: Die Lautfolge *ur (uhr)* wird durch das halbstufige Silbenzeichen wiedergegeben. Achten Sie darauf, dass der Querstrich des Zeichens waagrecht verläuft.

Ü: Wir werden die Beträge abrechnen. Herr Hermann Koch hatte den Kommentar gehört. Die Tour nach Marburg ist abgebrochen worden. Urban konnte die Kärtchen beantworten. Gegen 8 Uhr werden die Hamburger Beamten die Beträge erheben. Manche Örtchen sind nicht bekannt. Wir werden die Armaturen beachten.

14 Kürzel: *her, hat (hab), sich, nur, noch;* Nachsilbe *-haft*

her = · hat (hab) = · sich = · nur = · noch = · -haft =

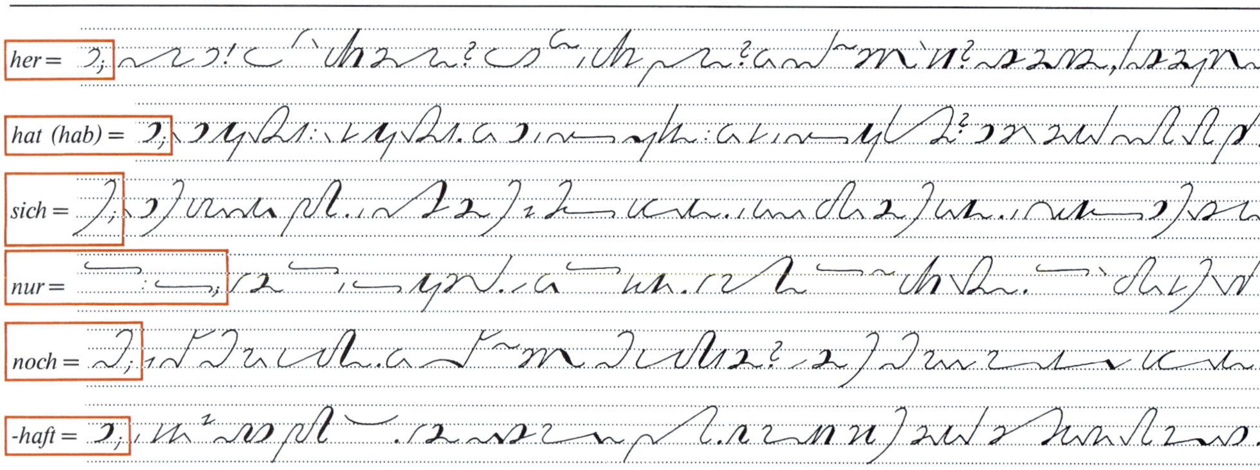

Aufgaben

1. Lesen Sie zunächst eine Zeile. 2. Stenografieren Sie dann die neu zu bildenden Wörter bzw. Sätze.

hatte(n) gegen *hat (hab)* tauschen:

Bilden Sie die 1. Vergangenheit (Präteritum):

Antworten Sie mit Wörtern auf *-haft*:

Bilden Sie die Mehrzahl (Plural):

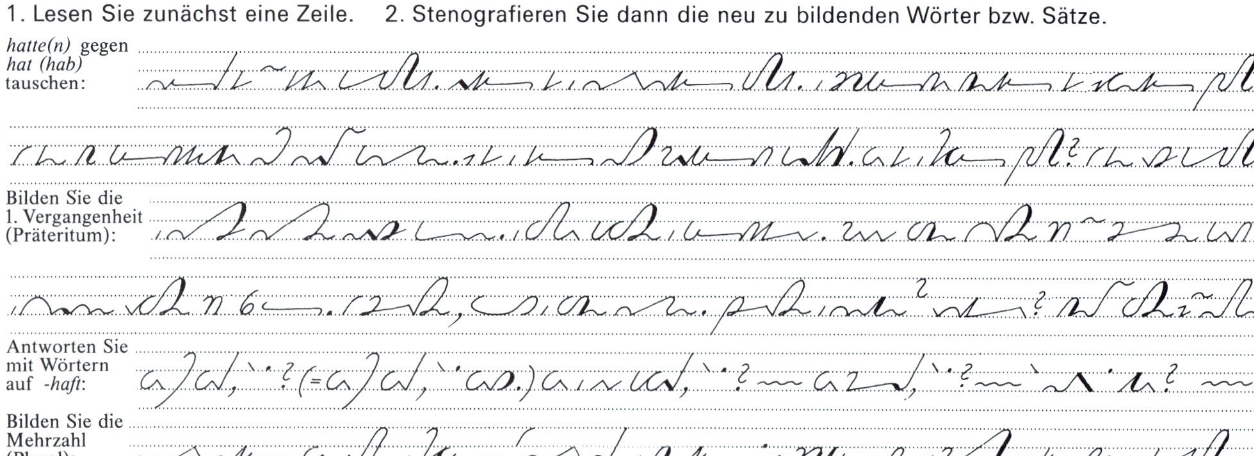

Kürzel müssen ihre Grundbedeutung behalten: konnte : kannte; Silbenzeichen, z. B. u(h)r, immer verwenden.

831210

15 *v;* Tiefstellung: *u, au*

1 *v* =
2
3
4 *-u-*:
5 *-au-*:
6
7
8 *u-, au-*:
9
10
11 *-u, -au*:

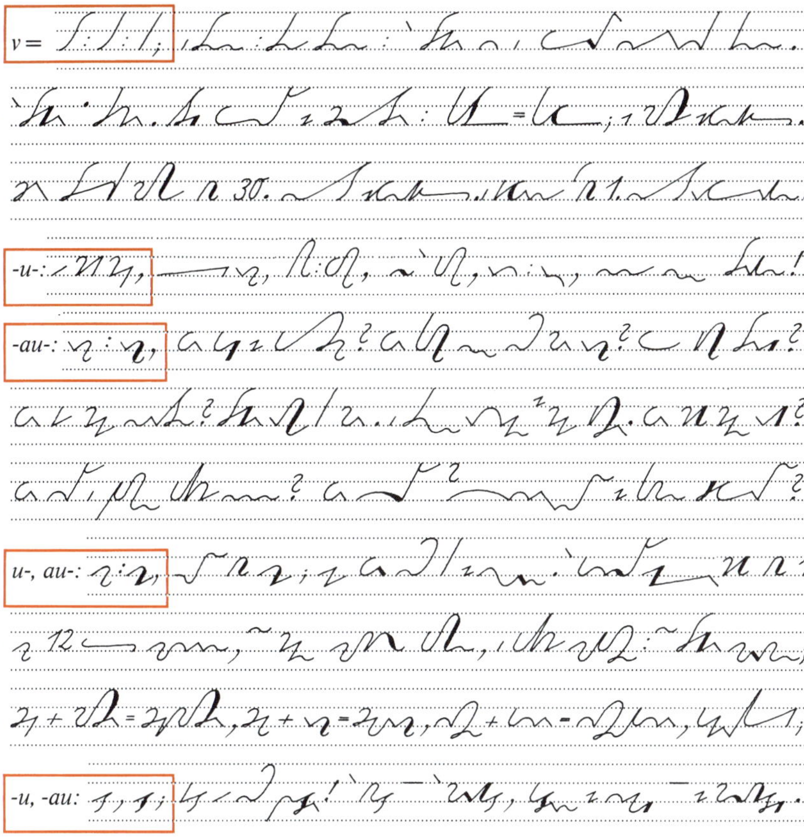

R 27: *v* ist ein links auslaufender Flammenstrich. Vor Flachstrichen entfällt die Verbindungsschleife. In Fremdwörtern und Namen darf *v*, wenn es wie *w* gesprochen wird, durch *w* ersetzt werden.

R 28: Das auf *u* folgende Mitlautzeichen wird eine halbe Stufe tief gestellt; bei *au* wird das tief gestellte Zeichen verstärkt.

R 29: Für die auf die Tiefstellung folgenden Silben ist der Zeichenfuß die „Anschlusszeile".

R 30: Nach *um-* darf man mit Mitlautzeichen zur Grundlinie zurückkehren. Auch in zusammengesetzten Wörtern darf man mit dem 2. Teil zur Grundlinie zurück.

Ü: Wir brauchen gute Nerven. Hugo hat Humor. Er kennt auch gute Argumente. Ute und Uwe können die Beträge umrechnen. Der Autor gab in Hannover Autogramme. Wem gehört der Emu? Die Motorenwerke bauen in Hannover auch Automaten. Wer kennt den Hubraum der Motoren? Warum geht die Turmuhr nicht mehr genau?

16 Kürzel: *ver-, vor, von, vom, unter*

12 *ver- : vor* =
13 *von* =
14 *vom* =
15 *unter* =

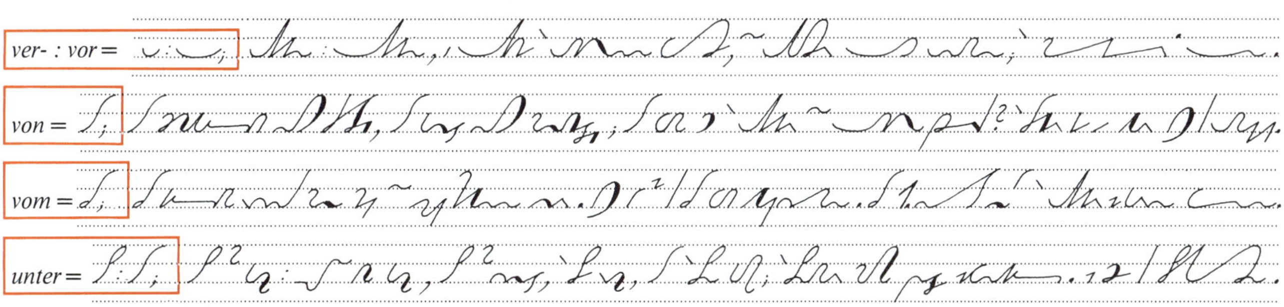

Aufgaben

1. Lesen Sie zunächst die Zeilen 16–18.
2. Stenografieren Sie dann die neu gebildeten Wörter.
3. Kennen Sie die Bedeutung der Fremdwörter und Namen in Zeile 19? Schreiben Sie jedes Wort dreimal.

16 *um-* davorsetzen:
17 *unter-* davorsetzen:
18 *ver-* gegen- *vor-* tauschen:
19 *Fremdwörter:*

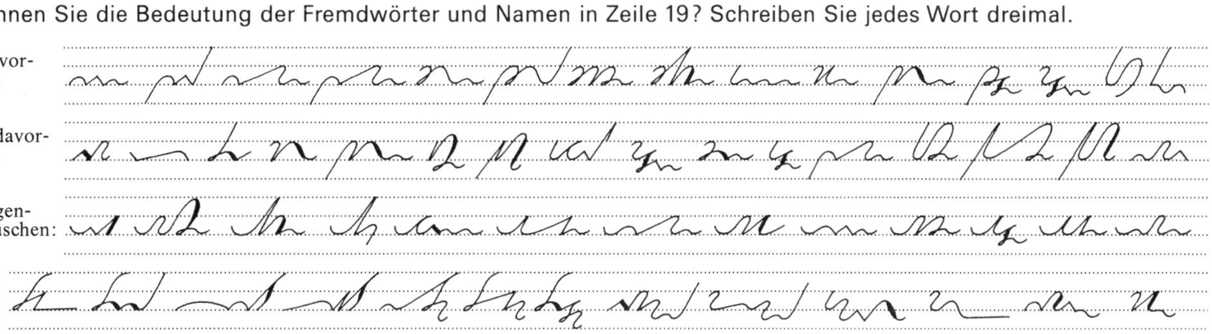

Beachten Sie auch bei der Tiefstellung die Größe der Zeichen (besonders der Oberlängen: ch, cht usw.).

17 Vorsilbe *un-*; Nachsilbe *-ung*; Worttrennung; Stellungsänderung der Wortkürzel

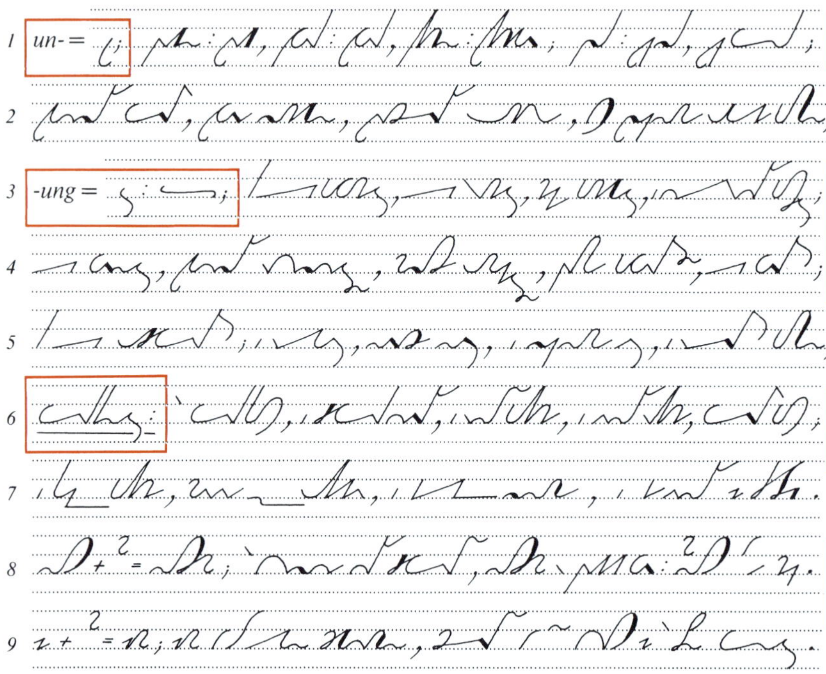

R 31: Das Vorsilbenkürzel *un-* wird wie *ge-* behandelt. Der Fußbogen ist viertelstufig.

R 32: Das Nachsilbenkürzel *-ung* ist 1 1/2-stufig und links auslaufend. An Aufstrich-*t* wird *-ung* unmittelbar angefügt. Mit *r* wird *-ung* verschmolzen und ist dann einstufig.

R 33: Zusammengesetzte Wörter darf man trennen, wenn dies handlicher oder deutlicher ist.

R 34: Wortkürzel dürfen zur Verbindung ihren Platz verlassen, wenn die Deutlichkeit gewahrt bleibt.

Ü: Der Verbrecher ist unberechenbar. Die Entwarnung kam um 10 Uhr. Die Erörterungen waren noch nicht unterbrochen. Die Anregung ist unannehmbar. Der Unternehmer gab noch Vorkehrungen bekannt. Die Bewertung ist korrekt. Wer hat sich um die Vertretung beworben? Die Oktoberwerbung der Unternehmung kam unerwartet.

18 Kürzel: *uns, unser*

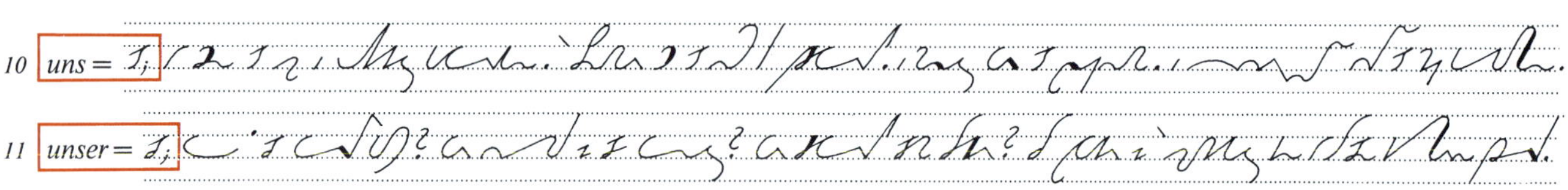

Wir wiederholen Kürzel

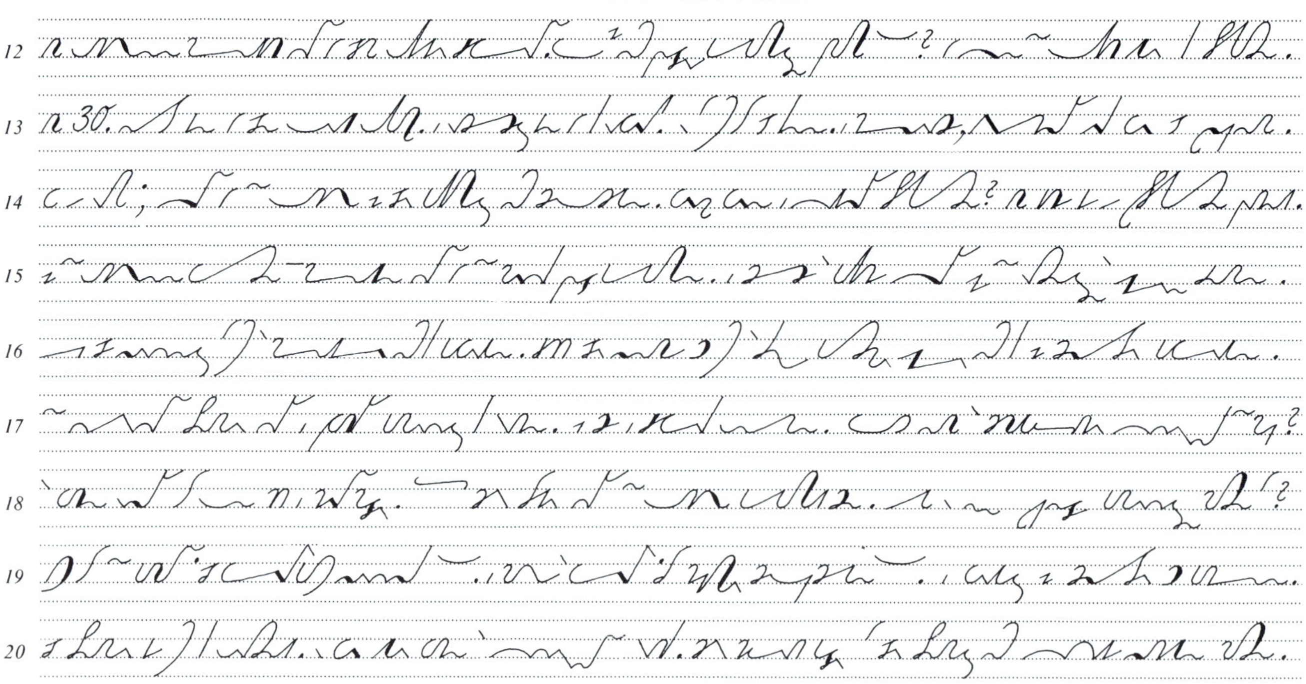

Lesen und schreiben Sie die Sätze der Zeilen 12–20 bis zur Geläufigkeit.

831212

A. Kennen Sie die Regeln?

Bitte ergänzen Sie die Lücken. Die folgenden Stenozeilen wollen Ihnen dabei helfen.

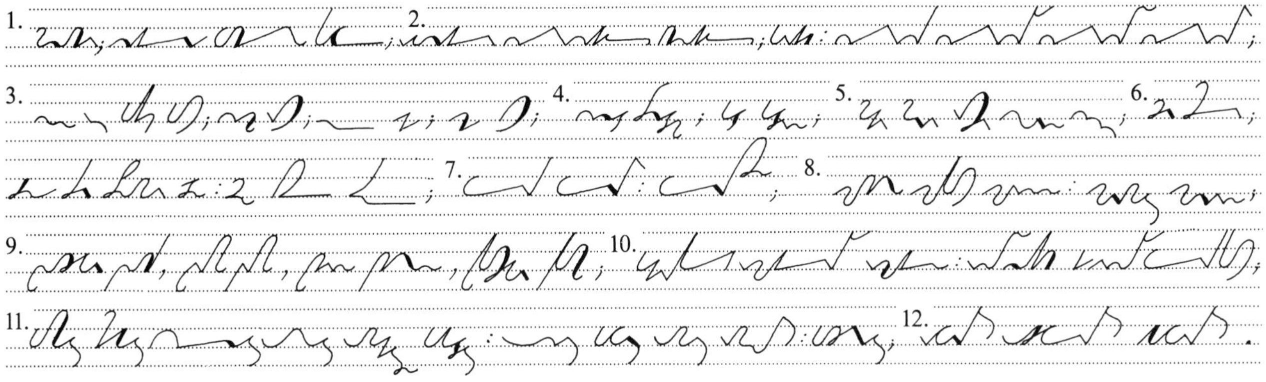

1. Fremdwörter und Namen dürfen nach der Rechtschreibung oder nach der ... geschrieben werden.
2. Im Wortinnern von Fremdwörtern (außer in tonlosen ..-silben) schreiben wir ...-*t*.
3. Das Merkmal (Sinnbild) für *u* ist ...stufige Tiefstellung und ... Verbindung des folgenden Mitlautzeichens; bei *au* tritt die ... im Abstrich des folgenden Mitlautzeichens hinzu.
4. Folgt auf *u* kein Mitlaut, so schreiben wir den ...stufigen Flammenstrich; bei ... mit Verstärkung.
5. Für die auf die Tiefstellung folgenden Silben ist der ...punkt die Anschlusszeile.
6. Nach links auslaufenden Zeichen schreiben wir eine kleine ...; sie entfällt vor ...strichen.
7. Aufstrich-*t* ist in der Regel ...stufig; vor großen Zeichen (z. B. *ch*) wird es ...stufig geschrieben.
8. Nach *um-* darf man mit ...zeichen zur ...linie zurückkehren.
9. Das Kürzel für die Vorsilbe *un-* wird wie das Vorsilbenkürzel ... behandelt.
10. In zusammengesetzten Wörtern darf man mit dem 2. Wortteil zur ...linie zurückkehren. Man darf zusammengesetzte Wörter auch ..., wenn dies handlicher oder deutlicher ist.
11. Das Nachsilbenkürzel -*ung* ist ...stufig. Mit *r* (nicht aber mit *rr*) wird es verschmolzen. Verschmolzenes -*ung* ist ...stufig.
12. An Aufstrich-*t* wird -*ung* ... angefügt (vgl. *Erwartung*).

B. Nomen mit -ung bilden

Bilden Sie aus den folgenden Wörtern Nomen (Hauptwörter) auf *-ung*.

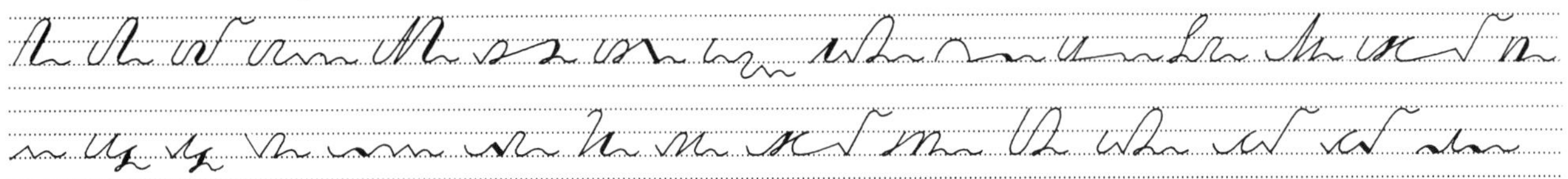

C. Fragen beantworten

Bitte stenografieren Sie zuerst die Frage, dann die dazugehörige Antwort.

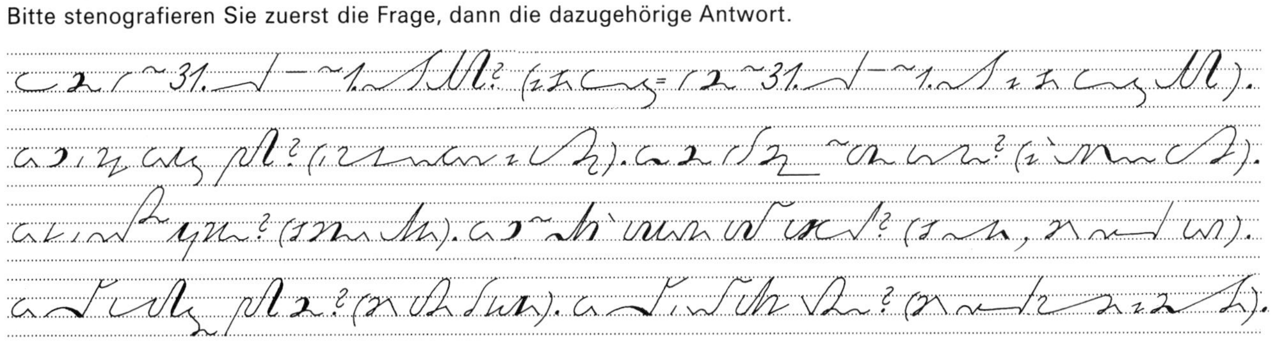

Ü: Der Rektor hatte mehrere Jahre in Jena gewohnt. Noch haben die Beamten die Beträge nicht abgebucht. Der Notar hat sich wegen der korrekten Antwort umgehört. Wir sind vom Thema abgekommen. Am Montag sind die Akteure vom Theater abgetreten. Wir haben den Vortrag der Rektoren abgewartet. Die Kärtchen haben wir in Bremerhaven abgegeben. Unsere Angebote sind vom Marburger Unternehmen wahrgenommen worden.

Lösen Sie alle Aufgaben dieser Seite selbstständig und so gut wie nur möglich.

19 *d, dr, nd(r), rd*

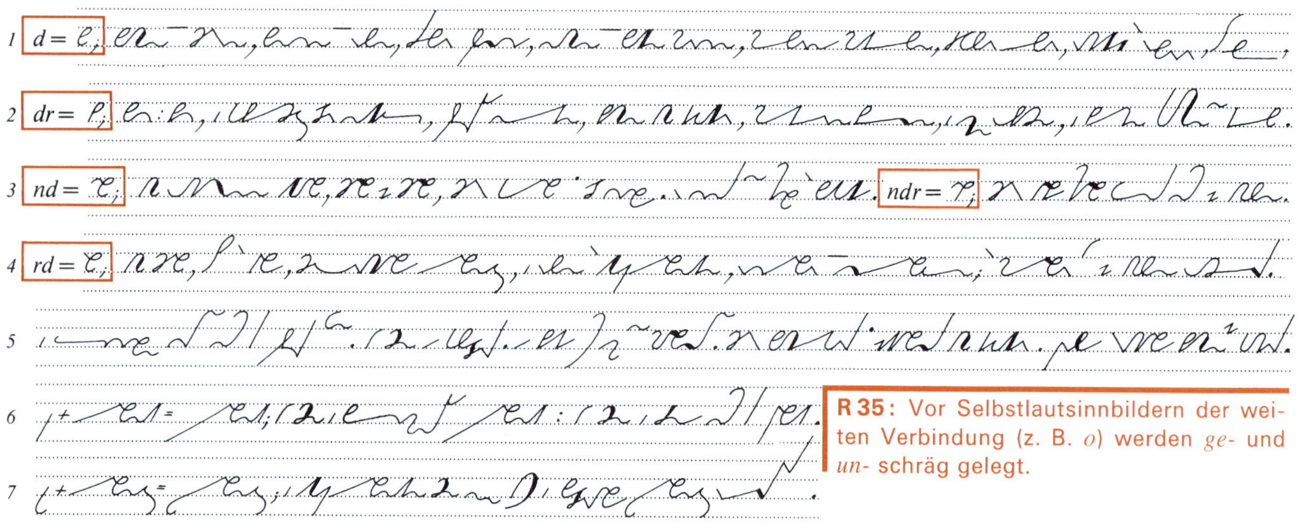

R 35: Vor Selbstlautsinnbildern der weiten Verbindung (z. B. *o*) werden *ge-* und *un-* schräg gelegt.

Ü: Die Unordnung war nervtötend. Die bedrängende Enge an der Garderobe war noch nicht beendet. Die Dokumente der Beamten sind Urkunden. Wir dachten auch an den Theaterintendanten. Der Kommandant ist gerade von Bord gegangen. Wir haben den Vorgang bedauert. In der kommenden Woche wird unser Buchdrucker in Dachau erwartet. Die Drogen sind auch in Kanada verboten. Die dauernde Unterbrechung ist nicht gut.

20 Kürzel: *das (dass), da-, dar, durch, doch, d. h.; hast, kannst, wirst*

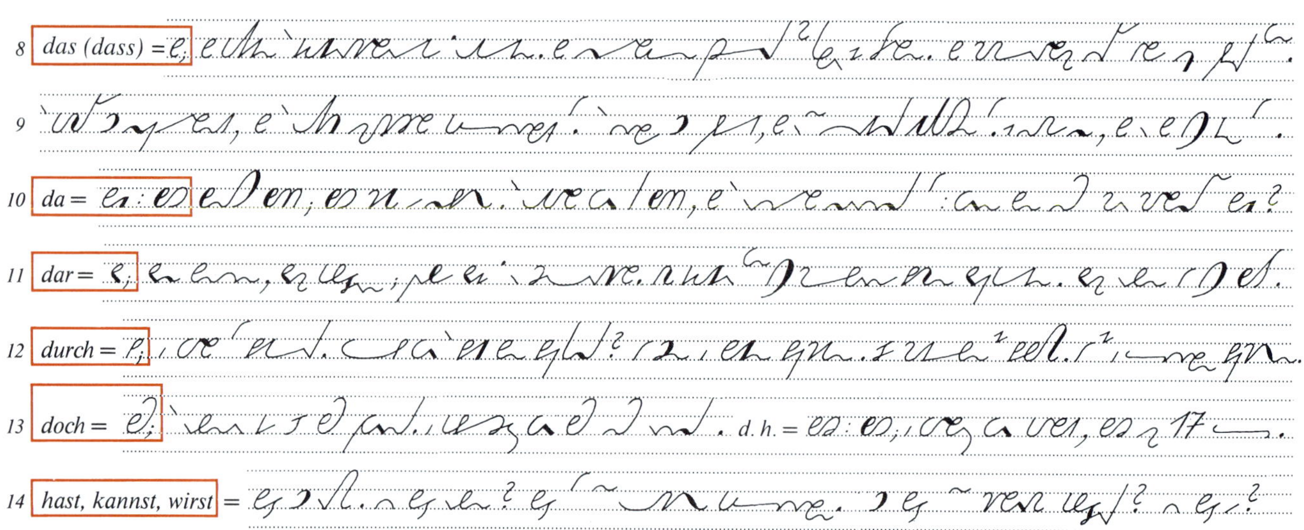

Aufgaben

1. Lesen Sie zunächst eine Zeile. 2. Stenografieren Sie dann die neu zu bildenden Wörter.

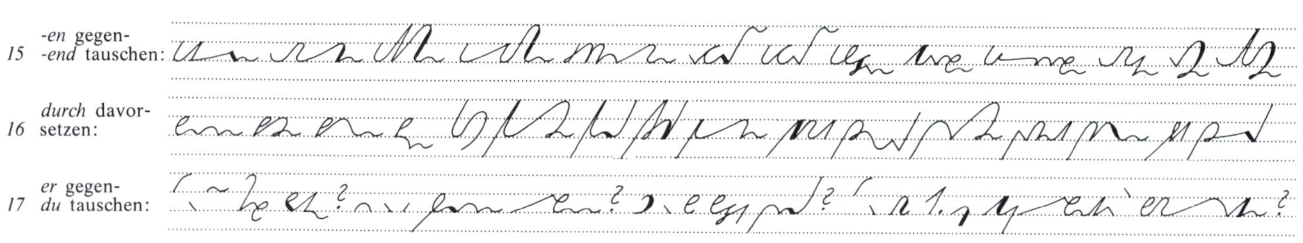

Ü: Hast du es bedauert, dass unsere Kunden die Druckbogen noch nicht bekommen haben? Kannst du vermuten, warum die Daten noch nicht durchgegeben sind? Wirst du danach noch mehr Kunden haben?

Beachten Sie nd: n wird bis zur Oberlinie gehoben und mit d verschmolzen. Unterscheiden Sie nd : rd.

831214

21 Kürzel: *ander, wurd(e), Dr. (Doktor), so(-), usw., vorder*

1 *ander* =
2 *wurd(e)* =
3 *Dr.* =

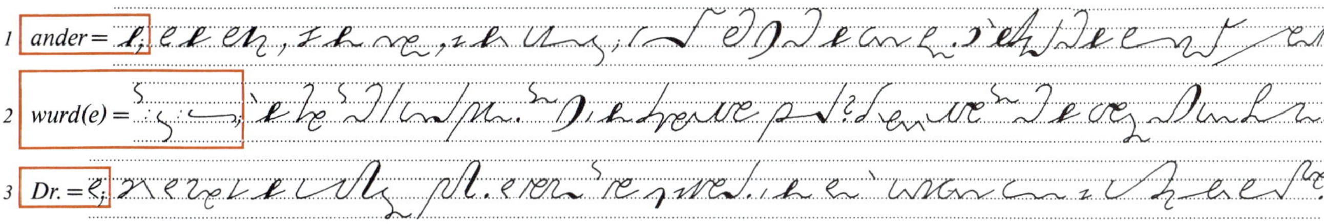

4 *so(-)* =
5

R 36: Als erster Teil einer Verbindung wird *so-* dort angefügt, wo der zweite beginnt.

6 *usw.* =
7 *vorder* =

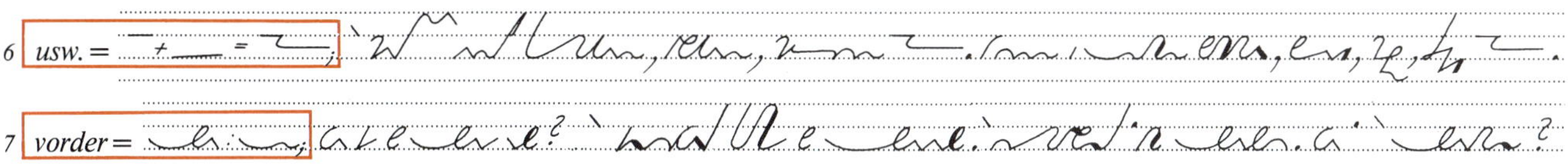

Ü: Von den anderen Jungen wurde der Vordergrund auch so genau erkannt. Unser Jugendverband hat noch andere Beobachtungen gemacht. Das Buch wurde von Dr. Herder ebenso bewertet. Wir haben in Dortmund, Hamborn, Bochum usw. geworben. Unsere Kunden wurden hervorragend beraten, sodass wir in Aachen, Bonn usw. ebenso vorgehen werden. Dr. Hardenberg und die anderen Doktoren haben unsere Anregungen entgegengenommen. Kann der Doktorgrad auch in Kanada erworben werden? Ich wurde von Dr. Wendenburg angeregt.

22 *f, pf; fr, pfr; i*

8 *f* =
9 *pf* =
10 *fr* =
11 *pfr* =

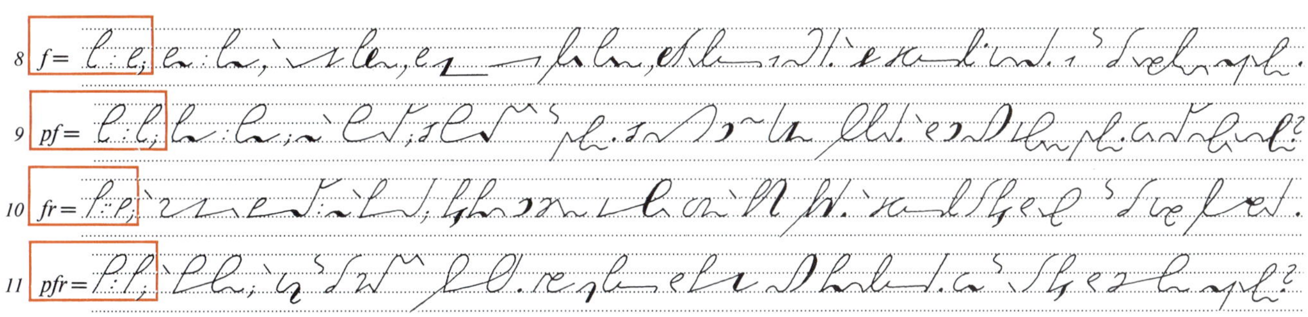

12 *-i-*:
13 *i-*:
14 *-i*:
15
16

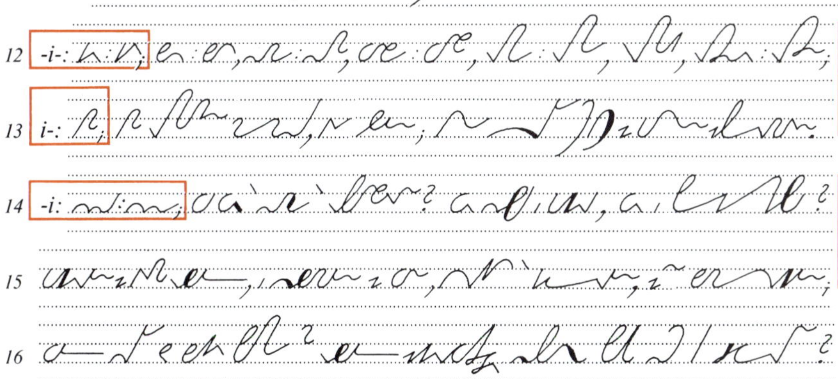

R 37: Das auf *i* folgende Mitlautzeichen wird eine halbe Stufe hoch gestellt. Für die auf die Hochstellung folgenden Silben ist der Zeichenfuß die Anschlusszeile.

R 38: Am Wortende wird *i* durch einen einstufigen Aufstrich bezeichnet. Folgt auf *i* wieder ein Selbstlaut, wird (wie nach *e* und *o*) ein Häkchen eingefügt.

Gesprächsnotiz

17
18
19

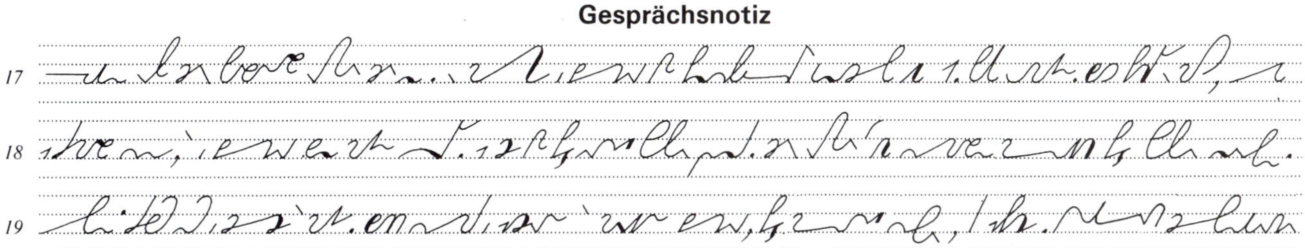

Ü: Frau Monika Kupfer war mehrere Jahre in Indien und Nordamerika. Ihre Radiovorträge sind immer gut angekommen. Bekannte Themen waren „Die Jugend in Indien“, „Das Interview in Amerika“, „Fotografie“ usw.

Achten Sie bei i nicht nur auf die Hochstellung, sondern auch auf die enge Verbindung.

23 Kürzel: *auf, für, fort, hin, hint-, bis*

1 *auf* =
2 *für* =
3 *fort* =
4 *hin* =
5 *hint-* =
6 *bis* =

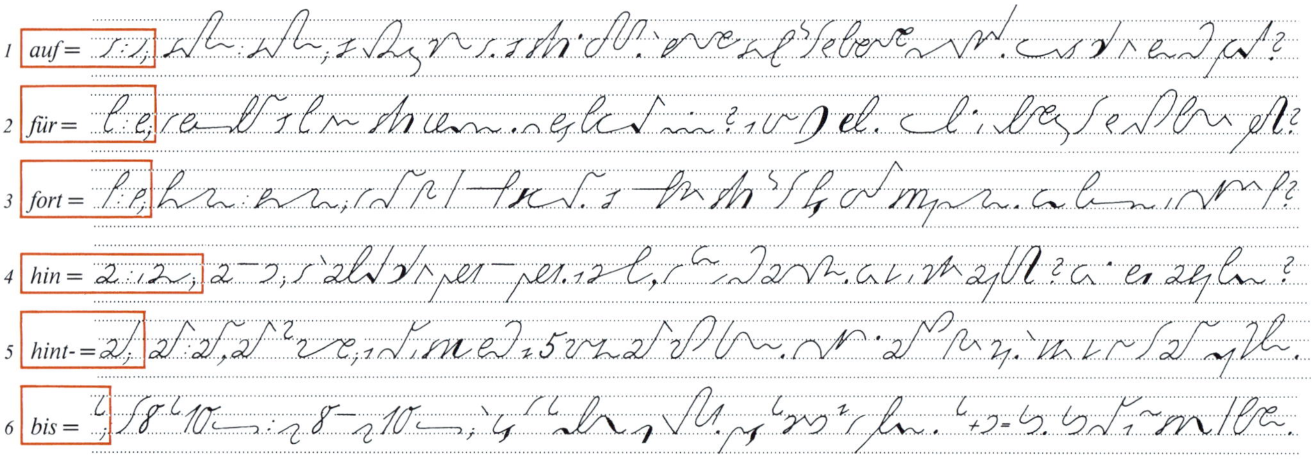

Ü: Soeben haben wir die Radionachrichten gehört und aufgenommen. Für uns war die Kritik ohne Hintergrund. Darum werden wir den Redakteur bis 14 Uhr anrufen. Unsere sofortige Antwort ist dennoch treffend. Auf der Hinfahrt könnten wir jedoch unsere bisherigen Beobachtungen und Vermutungen noch erörtern.

24 Kürzel: *mit(t), wi(e)d(e)r, nied(e)r; -ig* nach Aufstrich-*t;* Silbenzeichen *ion*

7 mit(t) =
8 wi(e)d(e)r =
9 nied(e)r =
10 -tig =
11
12 ion =
13

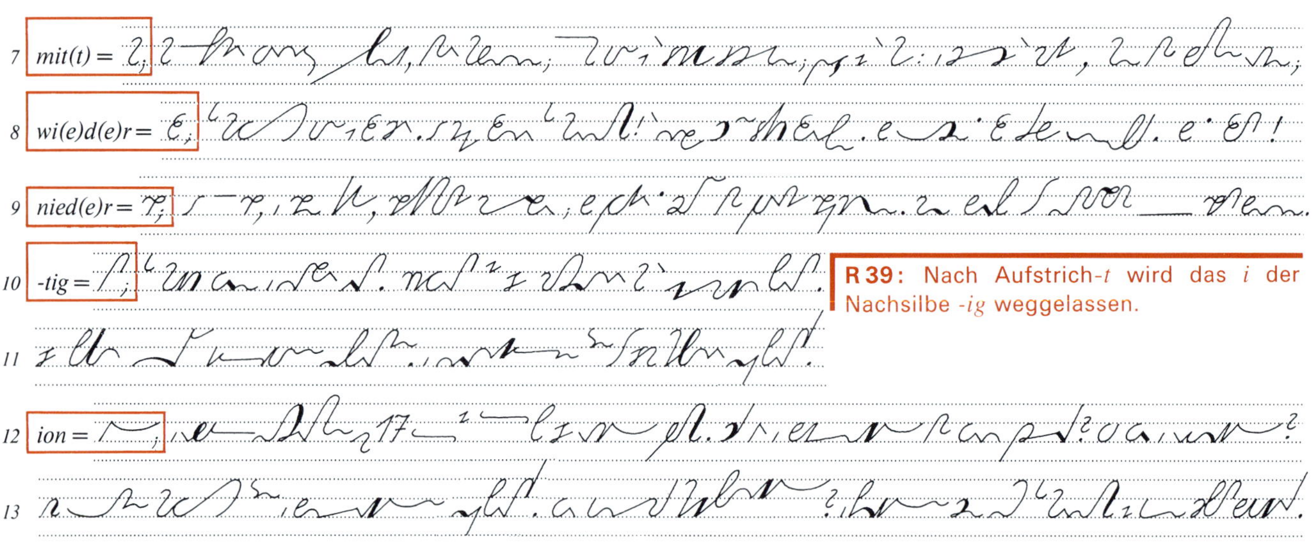

R 39: Nach Aufstrich-*t* wird das *i* der Nachsilbe *-ig* weggelassen.

Ü: Die Fabrikation der Konfektion wird mit sofortiger Wirkung wieder aufgenommen. Wir werden die gegenwärtigen Konditionen für die Fertigung objektiv betrachten. Mithin sind die Bedingungen der Konföderation für uns doch annehmbar. Das ist die Aufgabe für jede Nation. Wir haben die Reaktionen abgewartet.

Aufgaben

1. Lesen Sie zunächst die Zeile 14.
2. Stenografieren Sie dann die neu zu bildenden Wörter.
3. Ordnen und schreiben Sie die Fremdwörter der Zeilen 15 und 16 nach folgender Bedeutung:
   Anteil, Anziehungskraft, Auskünfte, Begriffsbestimmung, Beugung des Zeitwortes, Bindewort, Eingliederung, Einspritzung, Erdteil, Gewandtheit, Haftsumme, Heilmittel, kluges Verhalten, Lehrsatz, Modeschöpfung, Nachahmung, Pflanzenwuchs, Rangverlust, Sprachlehre.

14 *wi(e)der-* davorsetzen:
15
16

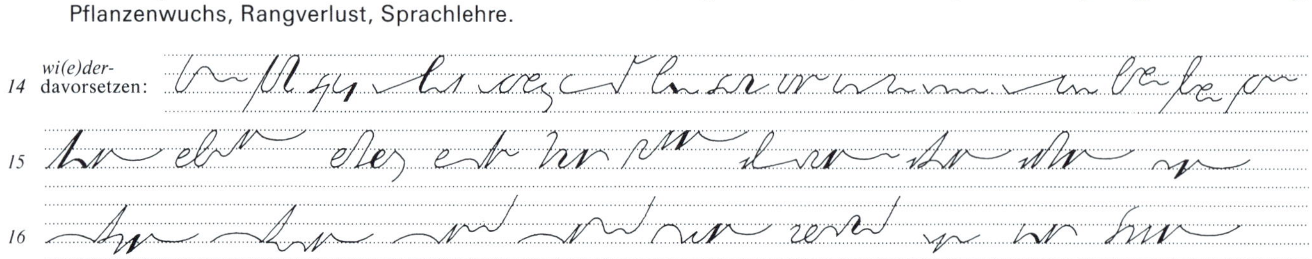

831216

A. Kennen Sie die Regeln?

Bitte ergänzen Sie die Lücken. Die folgenden Stenozeilen wollen Ihnen dabei helfen.

1
2
3

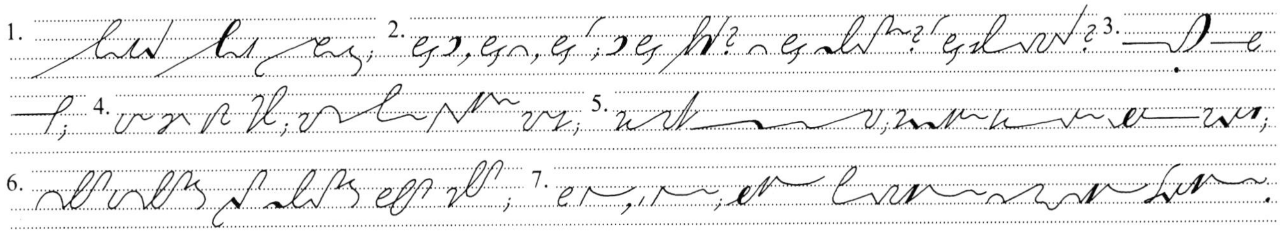

1. Vor den Selbstlautsinnbildern der weiten Verbindung (*o, ö*) werden *ge-* und *un-* ...
2. Die Kürzel *hab, kann, wird* stehen auch für *du* ..., *du* ..., *du* ... bzw. ... *du* usw.
3. Als erster Teil einer Verbindung wird *so-* dort angefügt, wo der zweite ...
4. Das auf *i* folgende Mitlautzeichen wird eine ... Stufe ...gestellt. Für die auf die ...stellung folgenden Silben ist der ... die Anschlusszeile.
5. Am Wortende wird *i* durch einen ...stufigen steilen ...strich bezeichnet. Folgt auf *i* wieder ein ..., wird ein ... eingefügt.
6. Nach Aufstrich-*t* wird das *i* der Silbe ... weggelassen.
7. Wie *u(h)r*, so ist auch ... ein ...zeichen, das immer angewendet wird.

B. Abkürzungen (Bitte vergleichen Sie auch Regel 21 auf Seite 7.)

Lesen Sie die Zeilen 4 und 5. Was bedeuten die Abkürzungen im vollen Wortlaut? Schreiben Sie die Sätze.

4
5

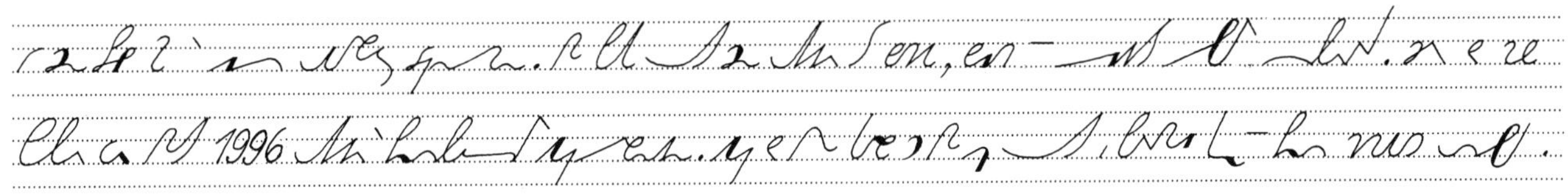

C. Kürzel in Fremdwörtern und Namen

Wir beachten: Kürzel auch für fremde Wortanfänge verwenden (außer *ge-*, *un-*, *ver-*):

6
7

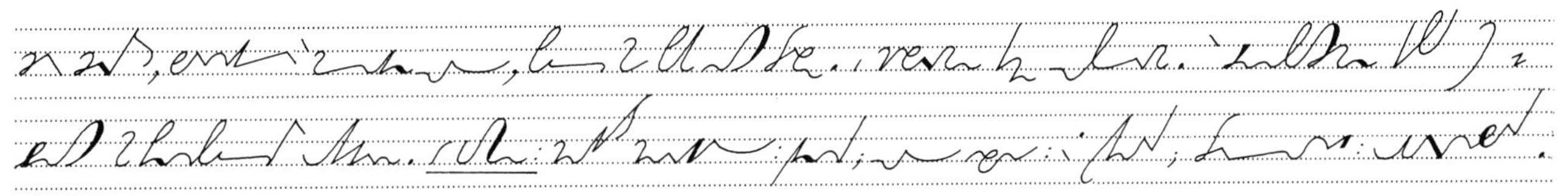

D. Sätze bilden

Entnehmen Sie die Stichworte der folgenden Tabelle. Schreiben Sie dann vollständige Sätze (Muster s. Zeile 11).

8
9
10

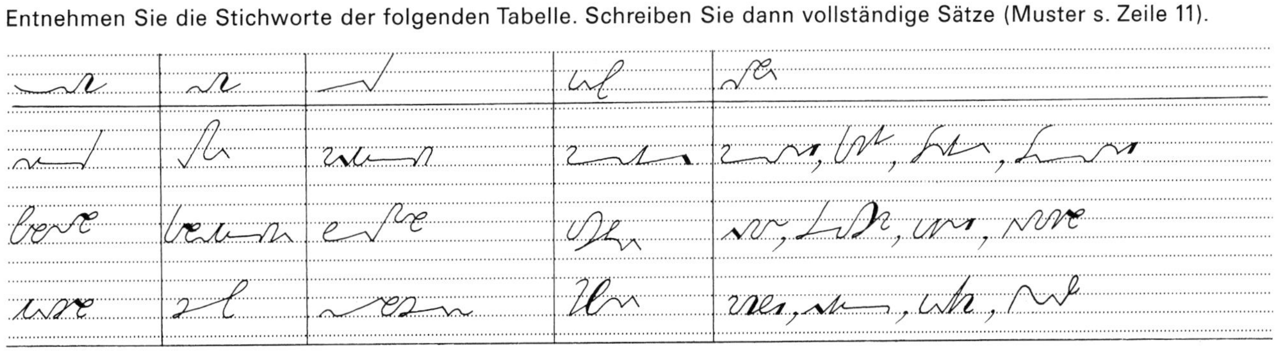

11

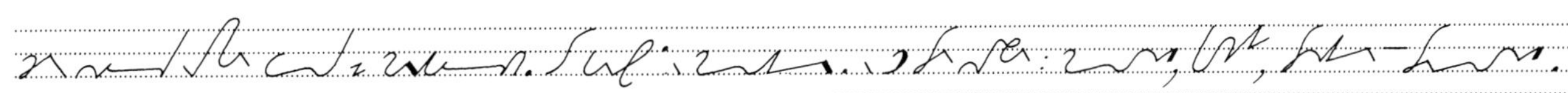

Ü: Frau Erika Brauer wohnt in Baden-Baden, Höhenweg 18. Ihr Mann ist in der Firma Georg Kirchner GmbH tätig. Von Beruf ist Herr Brauer Techniker. Die Töchter Brigitte und Veronika haben Abitur gemacht. Brigitte möchte Fotografin werden. Veronika dagegen denkt noch nicht an ihren Beruf. Veronika ist in Amerika.

Die sichere Kenntnis der Regeln erleichtert Ihnen die Anwendung der Stenografie.

25 *p, pr, mp, mpf;* Punkt für Mitlautverdopplung

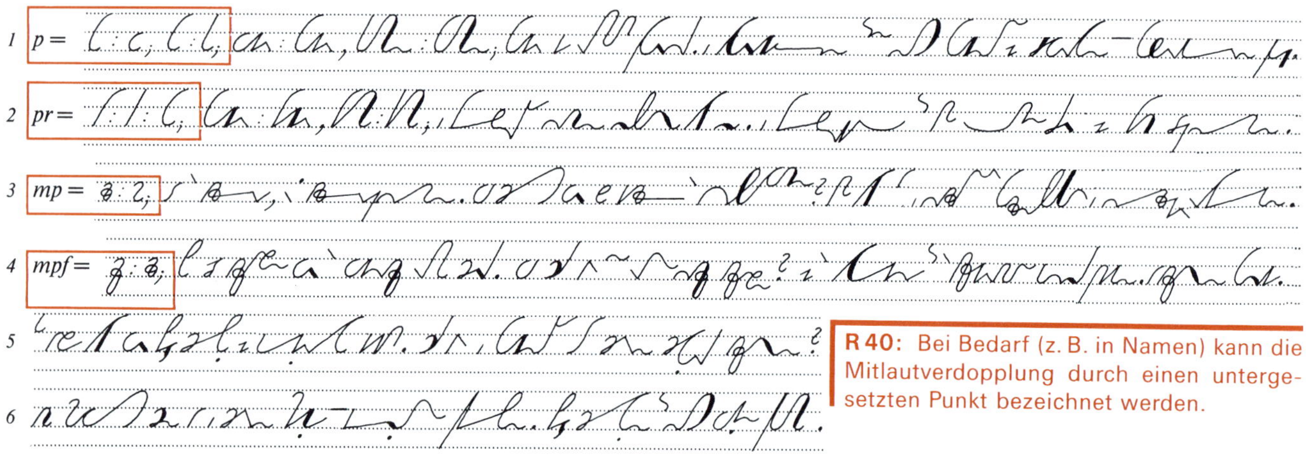

R 40: Bei Bedarf (z. B. in Namen) kann die Mitlautverdopplung durch einen untergesetzten Punkt bezeichnet werden.

Ü: Die Fremdwörter Epoche und Periode sind uns bekannt. Wir kennen auch die Wörter Propaganda und Prokura sowie kompakt und kompetent. Unsere jungen Ringer haben auch in Kopenhagen wiederum prächtig gekämpft. Gewinner der Etappe von Kempten nach Pfronten wurde am vergangenen Mittwoch Peter Riff, Unna.

26 *ei;* Silbenzeichen *ein (ain);* Kürzel: *eine, meine, deine, keine;* Unterscheidungspunkt

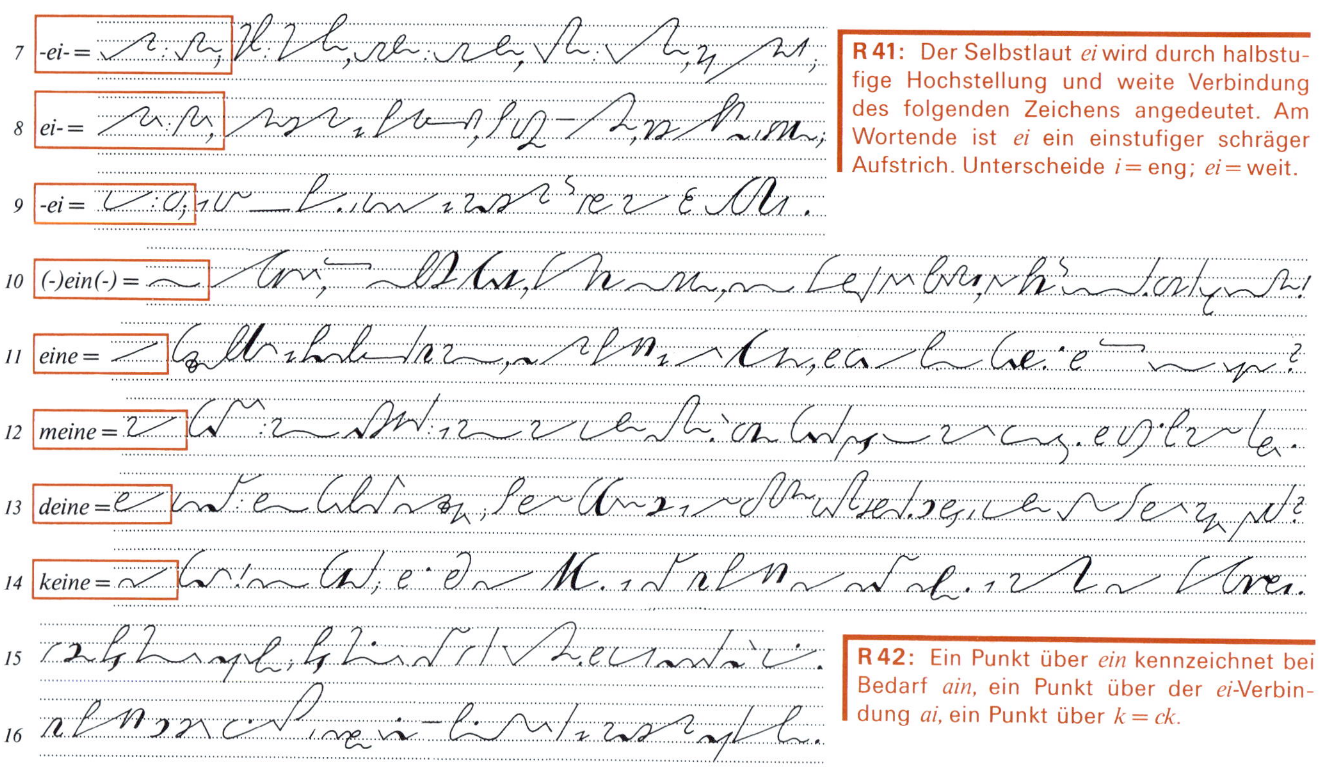

R 41: Der Selbstlaut *ei* wird durch halbstufige Hochstellung und weite Verbindung des folgenden Zeichens angedeutet. Am Wortende ist *ei* ein einstufiger schräger Aufstrich. Unterscheide *i* = eng; *ei* = weit.

R 42: Ein Punkt über *ein* kennzeichnet bei Bedarf *ain*, ein Punkt über der *ei*-Verbindung *ai*, ein Punkt über *k* = *ck*.

Fragen verneinen Stenografieren Sie die vollständige Anwort zu jeder Frage in Ihr Stenoheft.

1. Wurde das Briefpapier von Ihrer Schwester eingepackt? (Bruder)
   Lösung: *Nein, das Briefpapier wurde von meinem Bruder eingepackt.*
2. *Wohnt in Ihrem Ort ein Apotheker? (Apothekerin)*
3. *Haben Sie soeben Nachrichten gehört? (keine)*
4. *Konnte Peter nur deinen Onkel erreichen? (Tante)*
5. *Hat der Pater den reinen Wein probiert? (keinen)*
6. *Hat ein Mechaniker Ihren Apparat repariert? (Mechanikerin)*
7. *Haben Sie von Peter eine Karte empfangen? (Brief)*

Für Namen und andere Wörter, die Ihnen vertraut sind, ist der Punkt zur Unterscheidung überflüssig.

831218

27 Kürzel: *vielleicht, besonder(s);* Silbenzeichen *eit (ait);* Nachsilbenkürzel *-keit*

Ü: Es ist vielleicht gar nicht so einfach, dass wir die Vorbereitungen für die Begegnung im Mai richtig treffen. Denn das Programm erfordert von unseren Mitarbeitern besondere Fähigkeiten. Mit den Vorbereitungen haben wir daher Herrn Rainer Reiter von der Mannheimer Redaktion beauftragt. Wir hoffen, dass die Vorarbeiten bis Ende Februar fertig sind. Dabei kommt es jedoch auf unbedingte Genauigkeit an.

28 Nachsilbenkürzel: *-(t)heit, -tum (tüm);* Häkchen nach *ei*

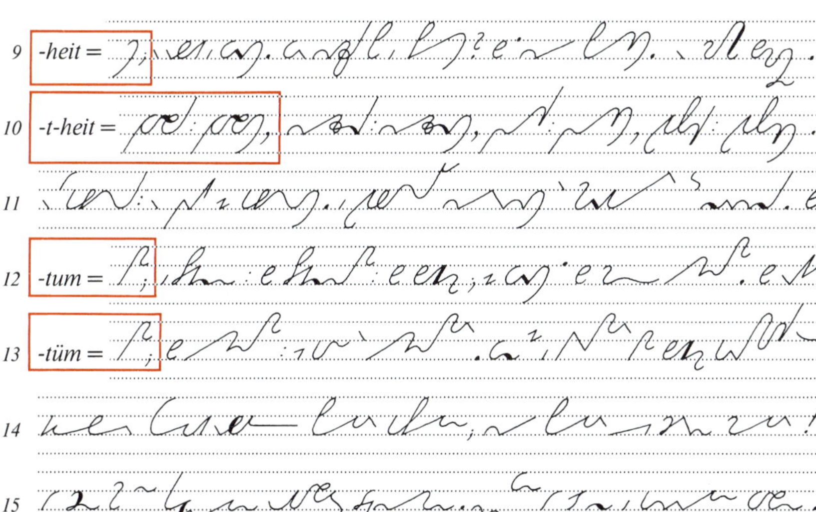

R 42: Vor *-heit* wird Aufstrich-*t* weggelassen.

R 43: Folgt auf *ei* wieder ein Selbstlaut, schreibt man (wie nach *e, o, i*) ein Häkchen.

Fragen beantworten

Lesen Sie zuerst die Frage. Stenografieren Sie dann die zugehörige Antwort.

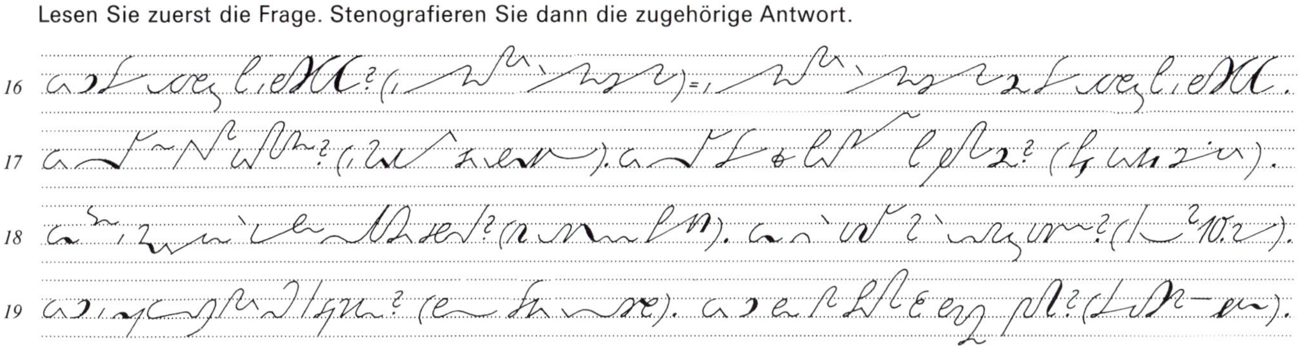

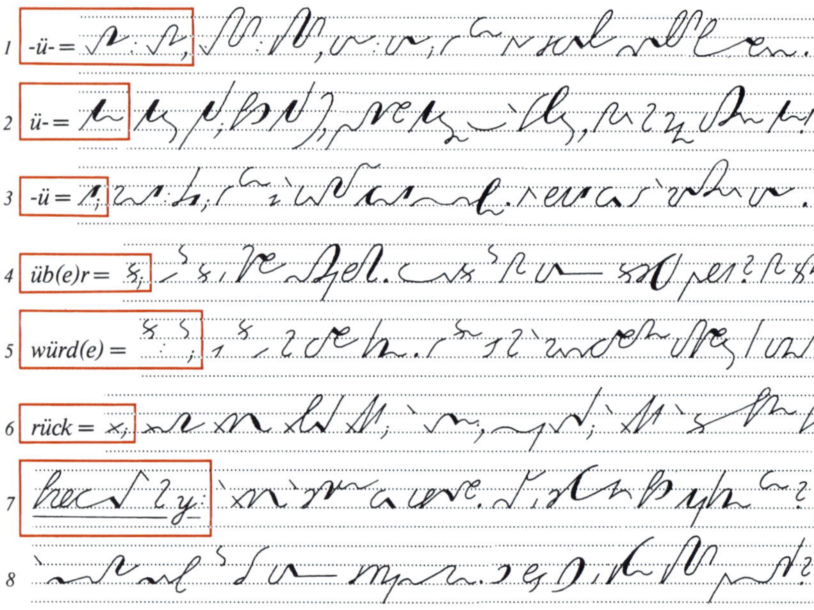

R 44: Sinnbild für *ü:* Hochstellung, enge Verbindung und Verstärkung. Buchstäbliches *ü* wie buchstäbliches *a*, jedoch mit halbstufiger Hochstellung.

R 45: In Fremdwörtern darf *y* durch *ü* ersetzt werden (vgl. *Hygiene = hügiene).*

Fragen bejahen

1. Antworten Sie in vollständigen Sätzen mit: *„Ja, ich würde (wir würden usw.) gern ...*
2. Stenografieren Sie die jeweilige Antwort in Ihr Stenoheft.
   a) Werden Sie die Übertragung der Diktate übernehmen? *(Ja, ich würde die Übertragung der Diktate gern übernehmen).*
   b) Werdet ihr die Güte der Konfitüre überprüfen?
   c) Wird Jürgen die Hypothek übernehmen?
   d) Werden Sie eine Übereinkunft treffen?
   e) Wird Rüdiger die Rückfahrt übermorgen antreten?
   f) Werdet ihr dem Nürnberger Büro Entwürfe überreichen?
   g) Werden Sie die Berichte noch überarbeiten?

Informationen über eine Werbeagentur

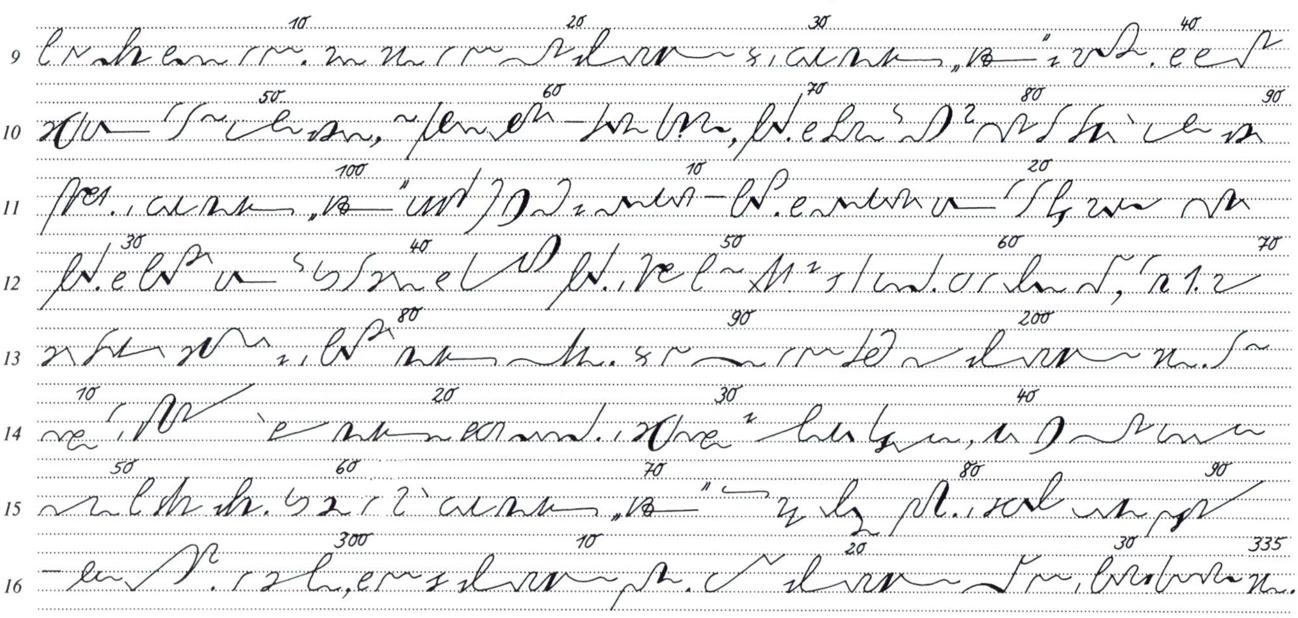

Fragen beantworten

Beantworten Sie die Fragen stenografisch in vollständigen Sätzen.

1. Von wem wurde die Agentur „Tempo" gegründet? 2. Wer führt das Hauptbüro in München? 3. Wo betätigt sich die Werbeagentur auch noch? 4. Von wem wird das Nürnberger Büro geführt? 5. Wer hat bisher das Fürther Büro geführt? 6. Wer sind die Hauptkunden der Agentur „Tempo"? 7. Was verraten die Entwürfe?

831220

A. Kennen Sie die Regeln?

Bitte ergänzen Sie die Lücken. Die folgenden Stenozeilen wollen Ihnen dabei helfen.

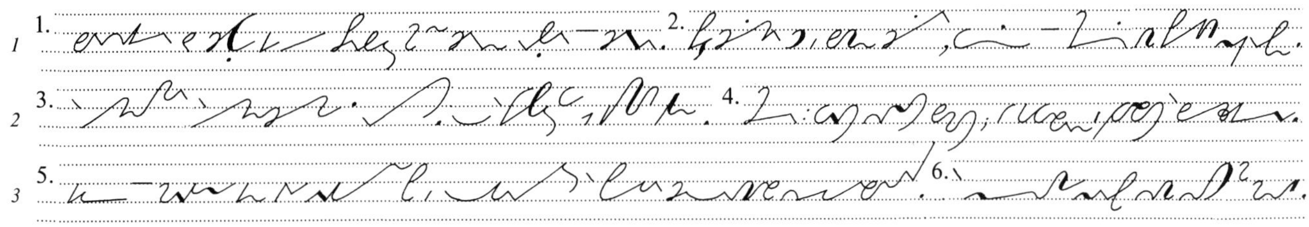

1. Ein untergesetzter Punkt bedeutet ... des ...lautes. Dies gilt aber nicht für ... (vgl. *Harrer*).
2. Ein übergesetzter Punkt zeigt an, dass statt *ei* ..., statt *eit* ..., statt *ein* ..., statt *k* ... zu lesen ist.
3. Der Selbstlaut *ei* wird durch ...stufige Hochstellung und ... Verbindung angedeutet; der Selbstlaut *ü* durch Hochstellung, ... Verbindung und ... des folgenden Mitlautzeichens.
4. Das Kürzel für die Nachsilbe *-heit* hat die Form von ..., steht aber eine ... Stufe tiefer: Aufstrich-*t* vor *-heit* wird ...
5. Folgt auf ..., ..., ... und ... wieder ein Selbstlaut, so wird ein halbstufiges ... eingefügt.
6. In Fremdwörtern darf *y* durch ... ersetzt werden. Buchstäbliches *ü* hat wie ... den halbstufigen verstärkten Abstrich, jedoch mit ...stellung.

B. Fremdwörter

Ordnen und schreiben Sie die Fremdwörter der Zeile 4 in der Reihenfolge der deutschen Entsprechungen: Arzneimittel, Bevorzugung, Einleitung, Einzelheit, Fürwort, Lebhaftigkeit, Nachbildung, Schmelzüberzug, Schwung, Wärmegrad, (größere) Zapfstelle.

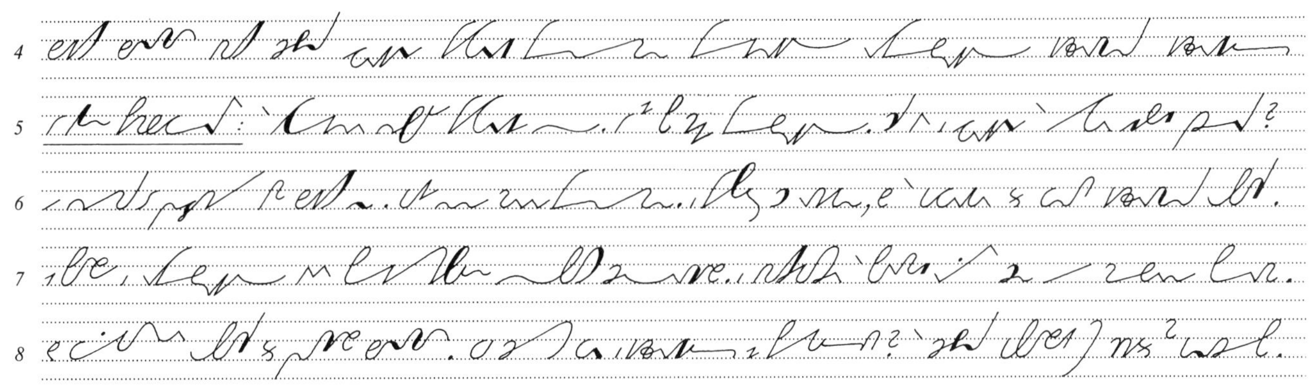

C. Kombinationstest

Bilden Sie aus den Bestimmungswörtern (Spalte 1) und den Grundwörtern (Spalte 2) zusammengesetzte Wörter. Verbinden Sie die Teile, gehen Sie mit dem zweiten Teil zur Grundlinie zurück.

Verfahren Sie ebenso mit den Wörtern der Spalte 3 und 4. Schreiben Sie diese Zusammensetzungen aber getrennt.

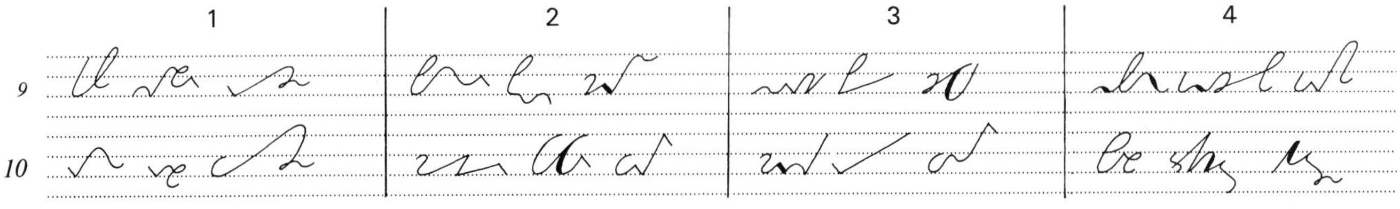

Ü: Am vergangenen Freitag haben sich die jüngeren Mitarbeiter der Vereinigten Papierfabriken im Freiburger Jugendheim getroffen. Es ging um die Prüfungen im kommenden Frühjahr. Wir haben die Aufgaben der vorangegangenen Prüfungen genau betrachtet und darüber eingehend geredet. Die Kritik richtete sich besonders gegen die Dauer der Bearbeitung. Die Mehrheit der Mitarbeiter meinte, dass hier eine Änderung notwendig ist. Der Direktor der Vereinigten Papierfabriken, Herr Dr. Reichert, hat uns aber Mut gemacht. Wenn wir mit den Vorbereitungen früh genug beginnen, könnte jeder eifrige Mitarbeiter ohne Beunruhigung mitmachen. Die jungen Mitarbeiter hoffen daher auf durchweg gute Prädikate in der Prüfung.

30 *l, ll; l*-Verbindungen

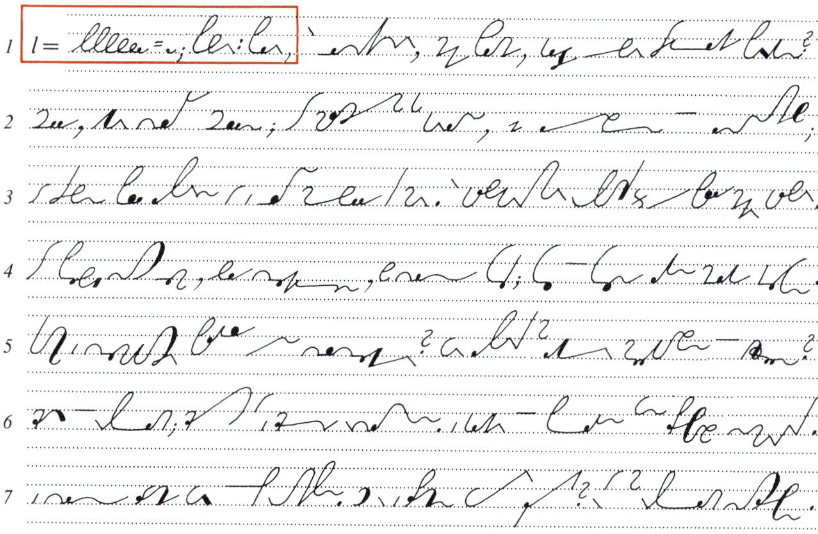

R 44: Aus dem langschriftlichen *l* entsteht durch Verkleinerung bis zur Punktschleife das stenografische *l*. Wie Doppel-*r*, so wird auch Doppel-*l* bezeichnet; Doppel-*l* erhält zwei Punktschleifen, wovon nur die erste verstärkt wird.

R 45: Tiefgestelltes *l (ll)* wird gedreht (also rechtswendig geschrieben), damit es unter die Linie kommt.

R 46: Wenn *l* unmittelbar auf einen Mitlaut folgt, wird es nach geraden Zeichen und Linksausläufen vorgelegt.

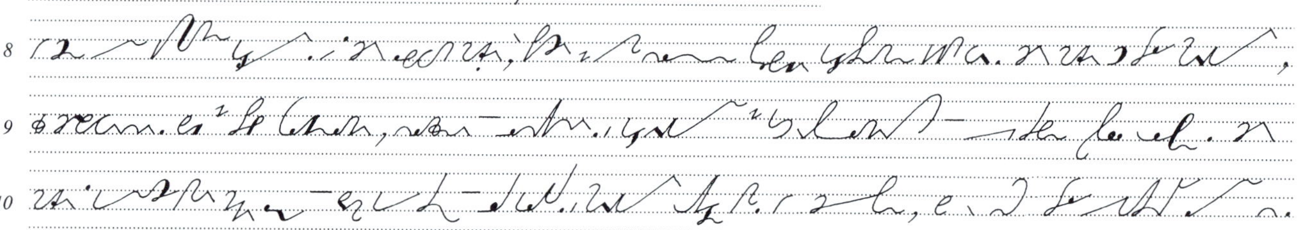

Ü: Bauleiter Mettler ist auch Mitglied der Limburger Turnvereinigung. Er hält viel von Bewegung. Daher nimmt er aktiv an den Übungen teil. Er turnt eifrig und beteiligt sich beim Hallenhandball. Ferner ist Herr Mettler ein guter Leichtathlet. Vom Frühjahr an wird er die jungen Leichtathleten trainieren.

31 *-l(l)-ung;* Kürzel: Nachsilbe *-lich; all, voll, völl(-), will(st), woll-*

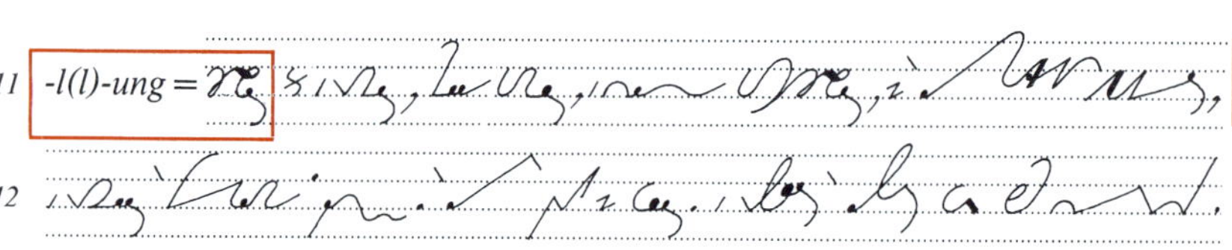

R 47: So wie *r*, so wird auch rechtswendiges *l (ll)* mit *-ung* verschmolzen.

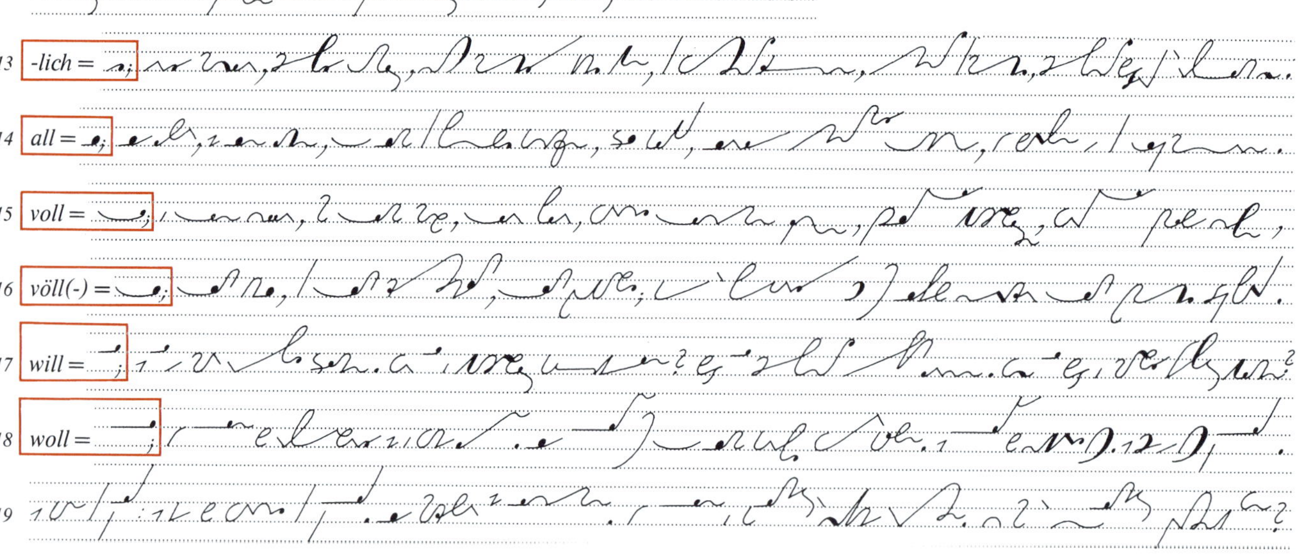

Ü: Wie wir Ihnen mit der Unterlage Nummer 17 mitgeteilt haben, wollen wir nun alle Probleme mit den Leitern der Abteilungen verhandeln. Vor allem die Leiter der Werbeabteilung und der Kalkulation werden um ihre Mithilfe gebeten. Nach unserer Vereinbarung wollen wir am kommenden Mittwoch mit Ihnen allen überlegen, wie wir den Winterverkauf durch vorbildliche Werbeaktionen fördern können. Natürlich wollen wir dabei auch die Kalkulation für die Werbemittel genau beachten. Wir laden alle Mitarbeiter für 15 Uhr in unsere Heidelberger Filiale ein. Freilich erwarten wir, dass alle Leiter pünktlich bei uns eintreffen.

831222

-ä- =

ä- =

-ä- =

hätt- =

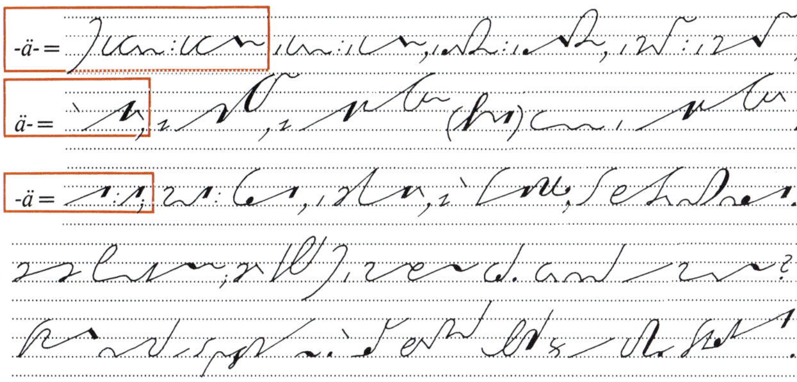

R 48: Bei Verwechslungsgefahr darf *ä* nicht durch *e* ersetzt werden. Sinnbild für *ä*: Hochstellung, weite Verbindung und Verstärkung.

R 49: Buchstäbliches *ä* (wie *ü*, jedoch weit) darf nie durch *e* ersetzt werden.

R 50: In den betonten Fremdwortsilben *-än, -är, -ät* schreiben wir stets das *ä*-Symbol.

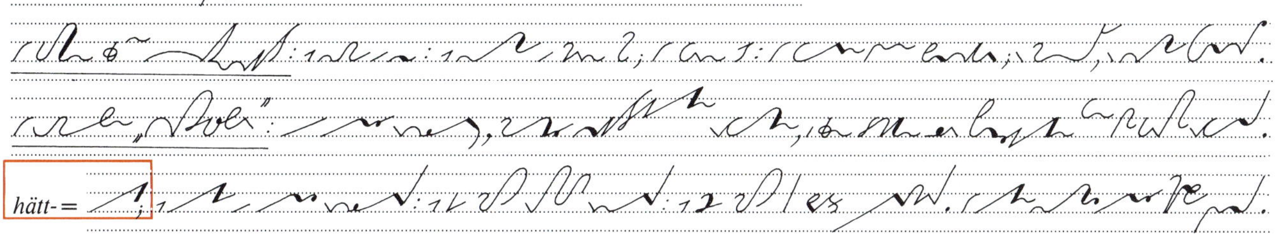

Aufgaben

1. Lesen Sie zunächst eine Zeile. 2. Schreiben Sie dann die neu zu bildenden Sätze ins Stenoheft.

hatt- durch *hätt-* ersetzen:

ich durch *wir* ersetzen:

wollen durch *wollten* ersetzen:

er durch *du* ersetzen:

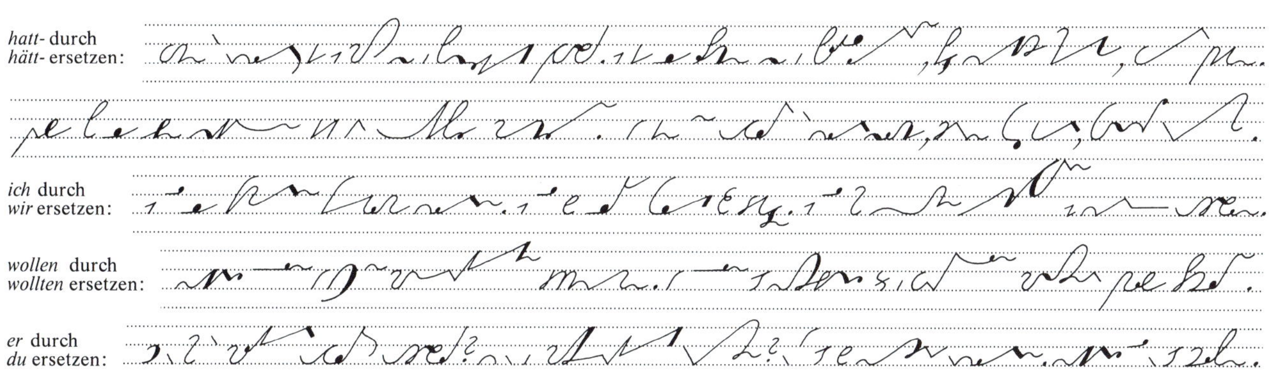

Bericht über eine Fachtagung

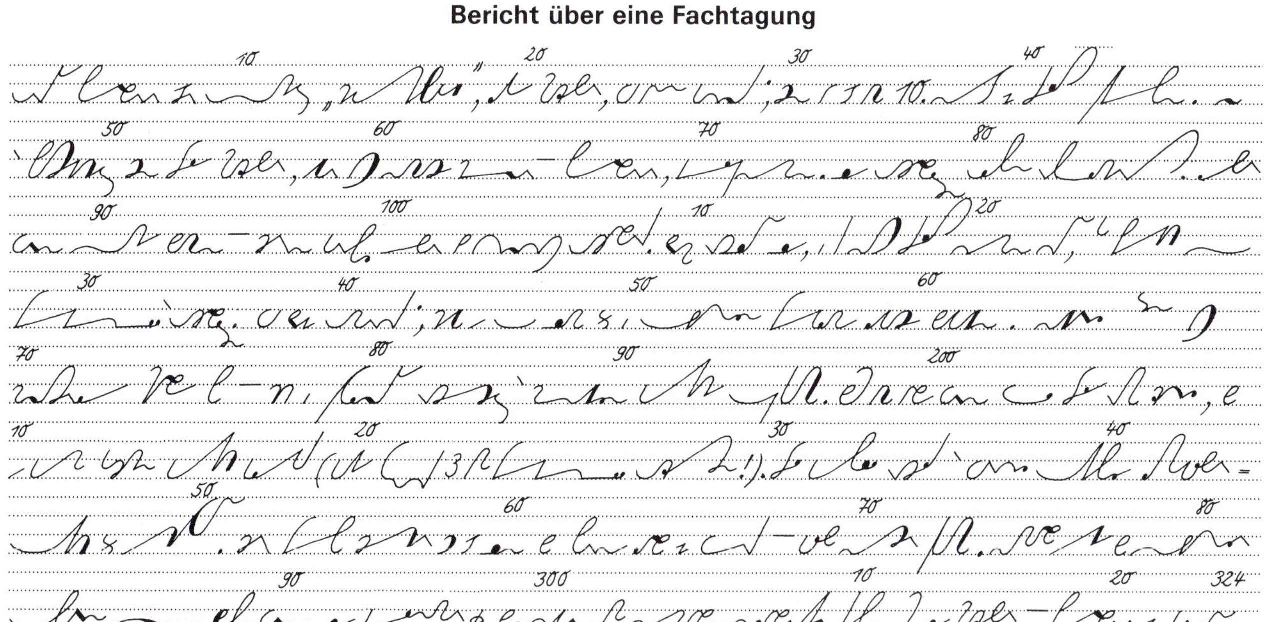

33 *s, ss (ß); s-Anschlüsse; rs*

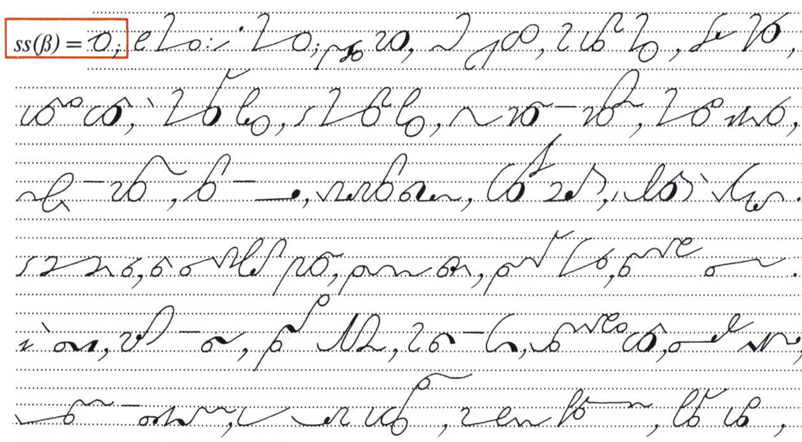

R 51: Die Mitlautverdopplung wird (wie schon bei *r* und *l*) auch bei *s* bezeichnet. Merkwort: *Leser.*

R 52: Nach *ss (ß)* werden alle Zeichen am oberen Rand (Schnittpunkt) angeschlossen.

R 53: Nach *s* werden nur die kleinen Abstrichzeichen (Merkwort: *kleineres*) und die Selbstlautzeichen *e, o, i, ei* am oberen Rand (Schnittpunkt) angeschlossen.

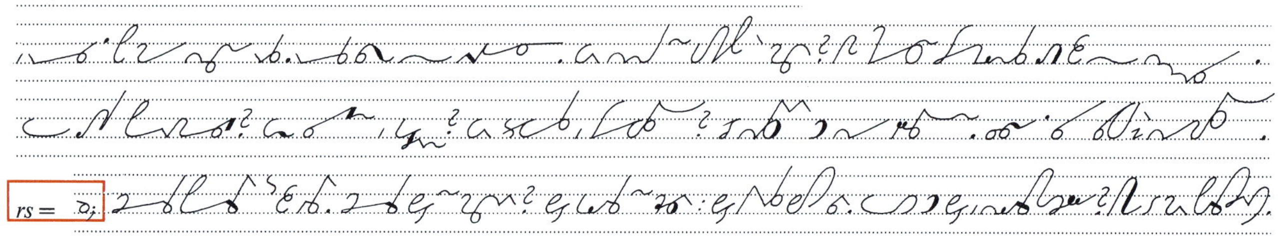

Ü: Die Regeln, die wir hier lesen, sind sehr wichtig. Wir müssen dafür sorgen, dass wir uns die auf Seite 24 aufgenommenen Regeln fest einprägen. Jeder muss wissen, wann der obere Rand für den folgenden Laut oder für die nächste Silbe infrage kommt. Im Grunde ist das alles eigentlich recht einfach. Wenn wir unser Können und Wissen sinnvoll verbessern, werden wir gewiss sehr bald über solide Kenntnisse verfügen.

34 *s-Verbindungen;* Kürzel: *nichts, sie, des, dessen*

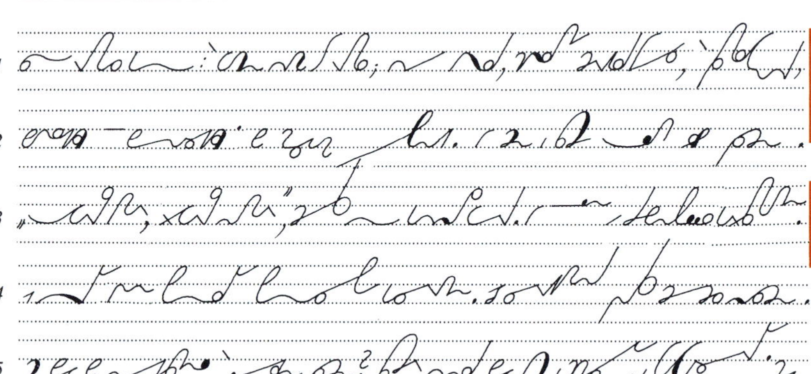

R 54: Folgt *s* auf einen Mitlaut (Nachlaut *-s*), wird es nach rechtsrunden und geraden Zeichen gedreht, also linkswendig geschrieben.

R 55: Als Stamm- oder Nachsilbenanlaut ist *s* stets rechtswendig zu schreiben. Das Zeichen für *rs* wird immer verwendet.

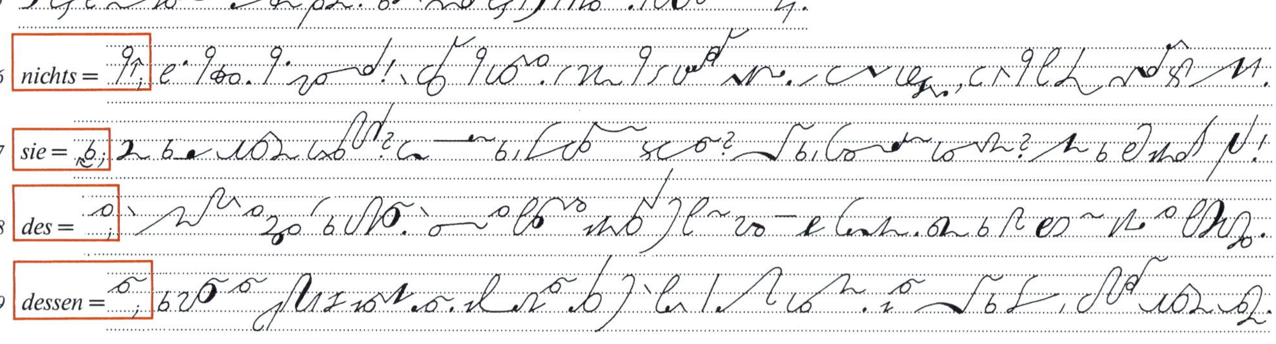

Ü: Erst seit 1. September vorigen Jahres leitet Herr Jens Sommer die Personalabteilung des Regensburger Großmarktes. Beim Büro- und Verkaufspersonal ist er gleichermaßen beliebt. Herr Sommer interessiert sich für alle Mitarbeiter und sorgt insbesondere für ein gutes Betriebsklima. Morgens ist er der Erste im Büro und abends geht er erst nach den anderen – eine Arbeitshaltung und Gesinnung, die bei allen ihm anvertrauten Personen den besten Eindruck hinterlässt. Sie alle wollen unter Herrn Sommers umsichtiger Leitung etwas Besonderes leisten. Das gilt für die Kassiererinnen ebenso wie für das andere Personal.

831224

35 Kürzel: *seine, sei, seid, selbst, als, also, solch*

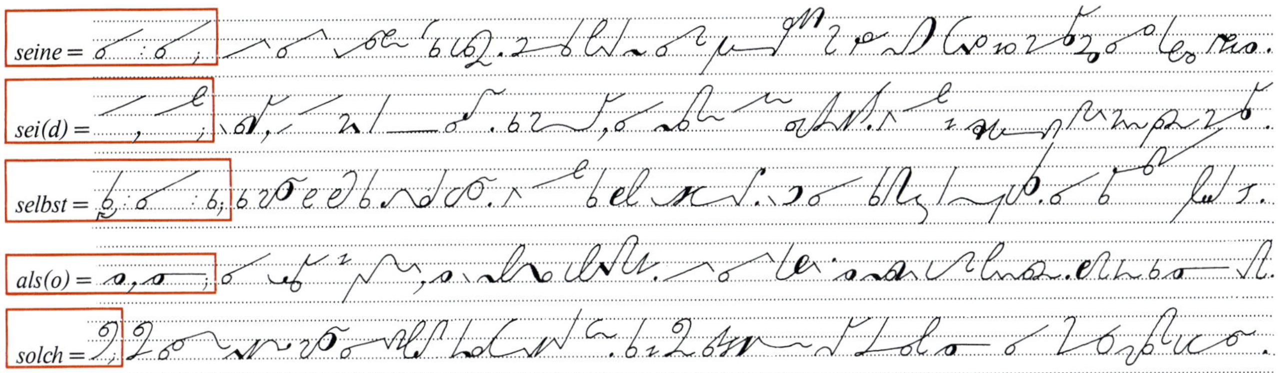

Vorhaben verwirklichen

1. Antworten Sie in vollständigen Sätzen mit: „Gerade habe ich (wollte ich … usw.) …"
2. Stenografieren Sie die jeweilige Antwort in Ihr Stenoheft.
   a) Werden Sie den Bericht des Revisors lesen? (Gerade habe ich den Bericht des Revisors gelesen.)
   b) Werden Sie seine Anregungen verwirklichen?
   c) Werden Sie den Transport selbst überwachen?
   d) Wollen Sie sich als Reiseleiter betätigen?
   e) Werden Sie einen solchen Artikel veröffentlichen?
   f) Mussten Sie solche Kosten berücksichtigen?
   g) Werden Sie sich eine solche Sammlung ansehen?

36 *st, str*

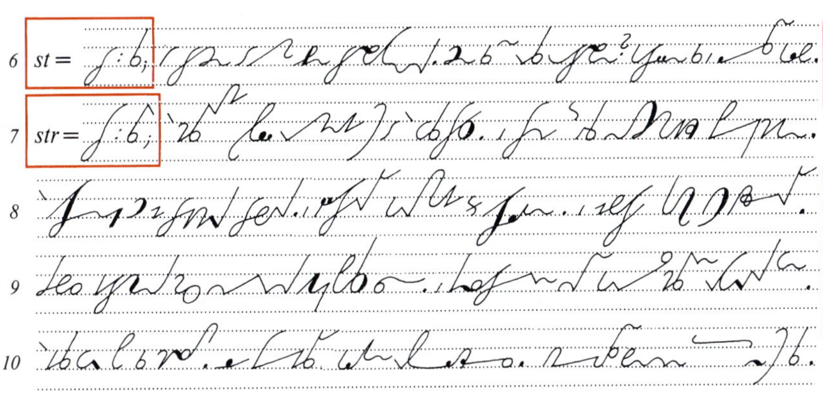

R 56: Die Unterlänge *st* und die Ganzlänge *str* werden in deutschen Wörtern nur für den Stammanlaut verwendet.

R 57: In Fremdwörtern (Namen) wird Ganzlängen-*str* (wie *tr*) immer verwendet; dies gilt auch für Unterlängen-*st* im Wortinnern von Fremdwörtern und Namen. Am Wortende und in tonlosen *e*-Silben schreiben wir aber Aufstrich-*st*.

Von der Industrie

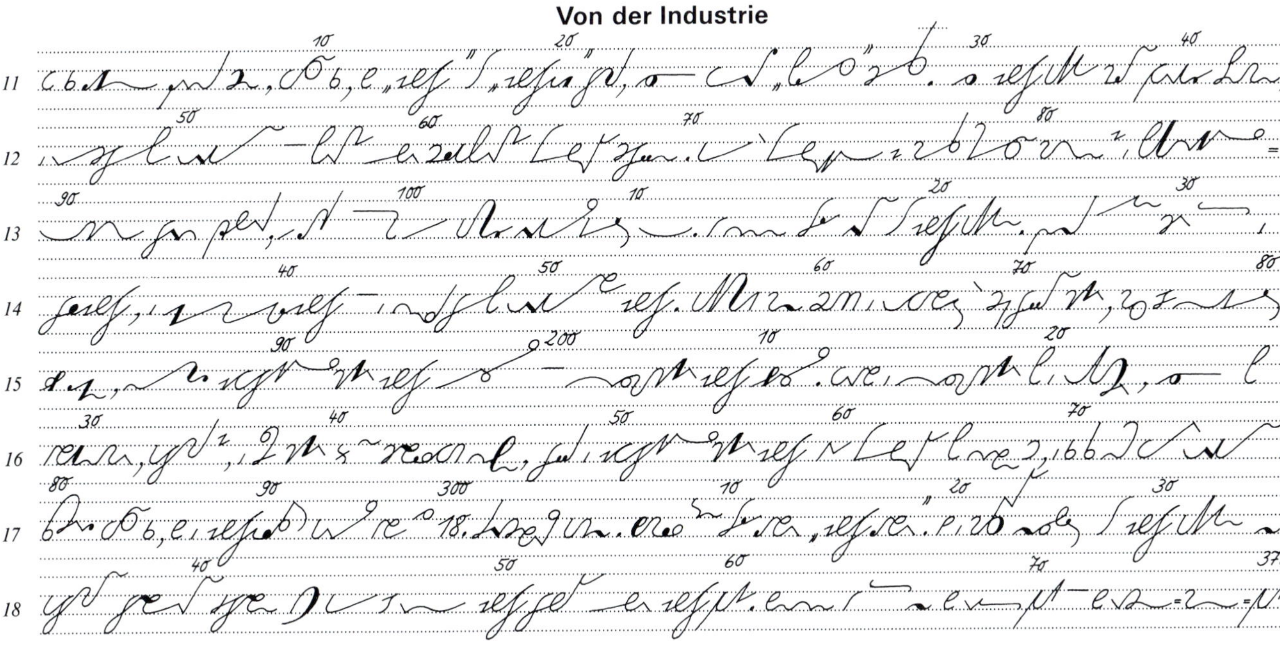

Kürzel: *dies, aus, soll(st), sonder(n, s);* Vorsilbe *miss- (misse-)*

dies =

aus =

soll(st) =

sonder(n,s) =

miss- (misse-) =

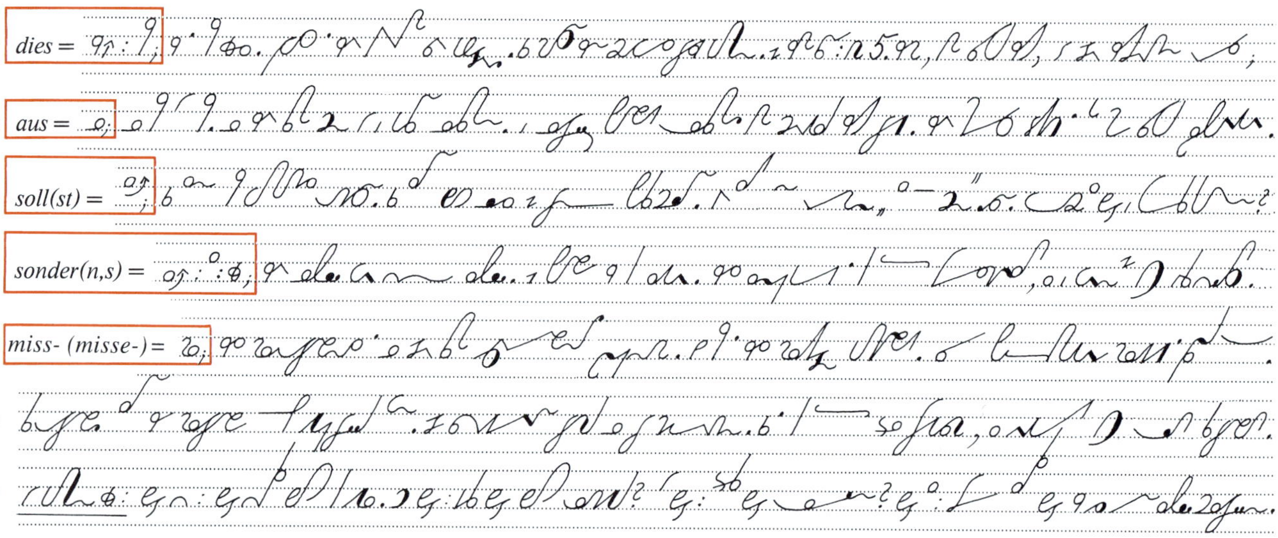

Bitten erfüllen

Reagieren Sie auf die folgenden Bitten jeweils mit „Ich werde ...". Stenografieren Sie Ihre Lösung als vollständigen Satz. Beispiel: *Bitte bessern Sie dieses Fenster aus. – Ich werde dieses Fenster ausbessern.*

1. Bitte denken Sie sich etwas Besonderes aus.
2. Bitte drücken Sie sich treffender aus.
3. Bitte gleichen Sie diese Verluste noch aus.
4. Bitte gehen Sie einstweilen voraus.

Fragen verneinen

Verneinen Sie die folgenden Fragen. Beispiel: *Kann man diesem Gerücht trauen? – Nein, diesem Gerücht kann man leider nur misstrauen.* Stenografieren Sie Ihre Antworten in vollständigen Sätzen in ihr Stenoheft.

1. Ist dieser Versuchsstart wieder gelungen?
2. Kam beim gestrigen Fest Stimmung auf?
3. Können Sie solche Vorgänge billigen?
4. Brachten diese Anstrengungen große Erfolge?

Von der Berufsberatung

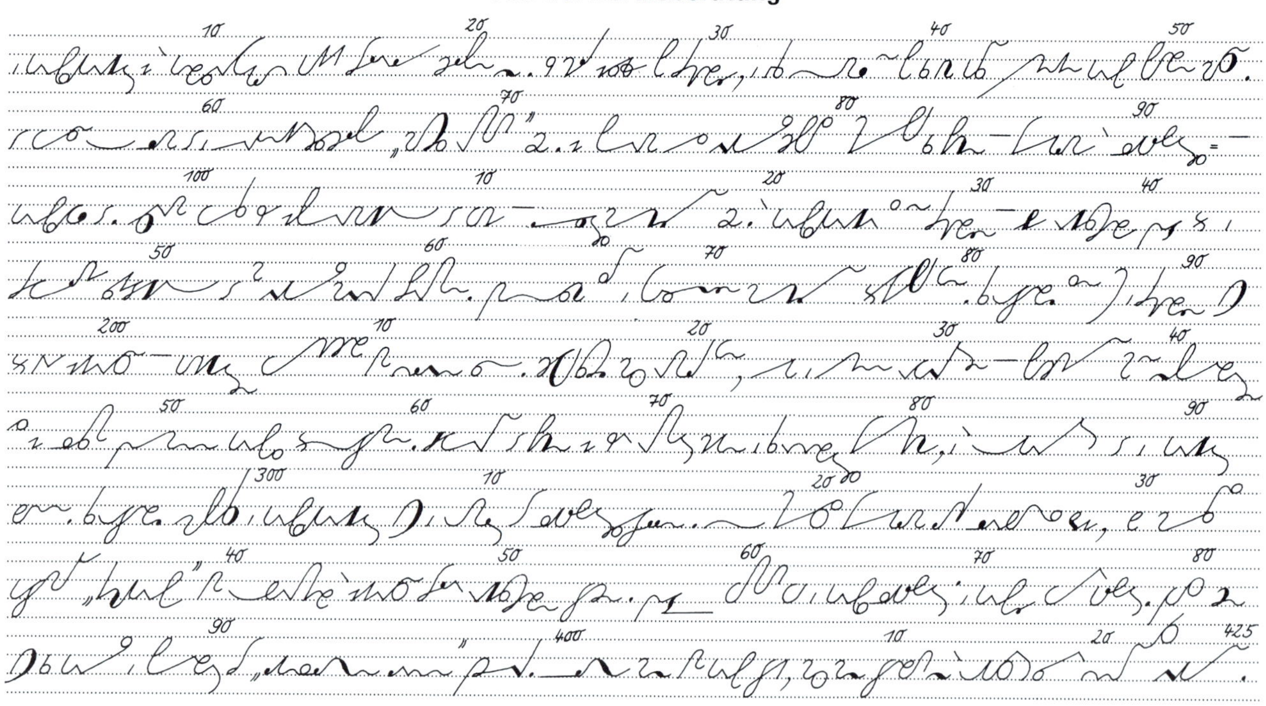

Lesen und lernen Sie mit dem Bleistift in der Hand. Nutzen Sie dabei jetzt schon die Stenografie.

831226

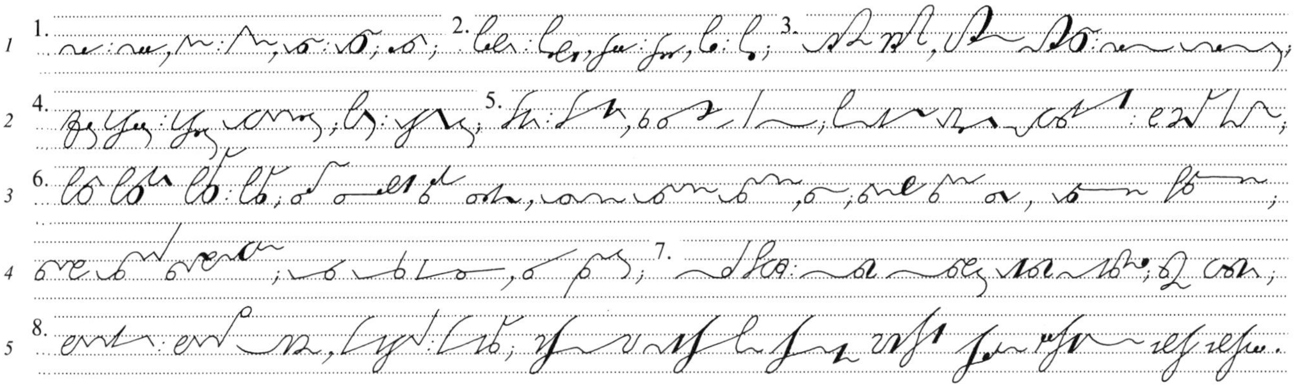

1. In der Kurzschrift wird die Mitlautverdopplung bezeichnet bei a) ..., b) ..., c) ...; Merkwort: ...
2. In der ...stellung wird *l (ll)* rechtswendig geschrieben.
3. Wenn *l* unmittelbar auf einen Mitlaut folgt, wird es nach ... Zeichen und ...läufen stets vorgelegt.
4. Das Kürzel für die Nachsilbe *-ung* wird mit linkswendigem ... und ... verschmolzen, jedoch nicht mit ...; verschmolzenes *-ung* ist ...stufig.
5. Nicht durch *e* ersetzt werden darf *ä* bei ...gefahr, beim ...tiv und in Fremdwörtern auf *än, är,-...*
6. Der obere Rand bestimmt den Anschluss an *ss (ß)* für ... Zeichen. Nach *s* werden jedoch nur die ... Abstrichzeichen sowie buchstäbliches ..., ..., ..., ... am oberen Rand angeschlossen.
7. Nachlaut-*s* wird nach ... und ... Zeichen ...wendig geschrieben. Als Stamm- oder Nachsilbenanlaut schreiben wir *s* stets ...wendig, *rs* (untergesetztes *s*) wird stets verwendet, auch an der ...
8. Abstrich-*t* und Abstrich-*st* schreibt man auch im ... von Fremdwörtern, aber nicht in tonlosen *e*-Silben.
9. Dagegen schreiben wir in Fremdwörtern *str* stets mit dem ...stufigen Zeichen (Ganzlänge).

Leitbilder der Stadt

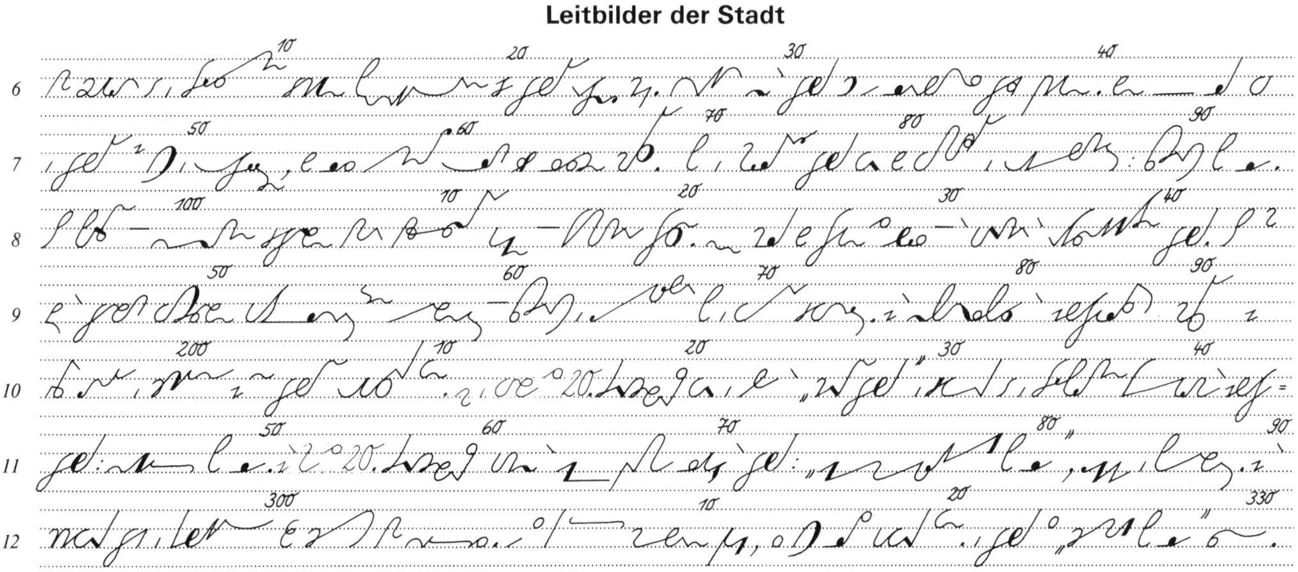

Aufgaben

1. Lesen Sie den Fließtext so oft, bis Sie ihn in 2 Minuten schaffen.
2. Sammeln und ordnen Sie alle Wörter mit s, ss (ß). Schreiben Sie jedes Wort dreimal.
3. Schreiben Sie jeden Satz dreimal. Lassen Sie sich dann den Text steigend ansagen.

Fragen beantworten (Die Antworten ergeben sich aus dem Text „Leitbilder der Stadt".)

1. Wie funktionieren unsere Städte?
2. Wie alt ist die Kritik an der Stadt?
3. Was war im Mittelalter am wichtigsten?
4. Wem galt das Streben des Adels?
5. Was bewirkte das Bevölkerungswachstum?
6. Worum ging es anfangs der Industrialisierung?
7. Wann kam die Idee der „Gartenstadt" auf?
8. Wie lautete die Forderung Mitte des 20. Jahrhunderts?
9. Was steht gegenwärtig wieder hoch im Kurs?
10. Was soll die Stadt der Gegenwart sein?

38 *(t)z, zw;* Kürzel: *zu; sp, spr*

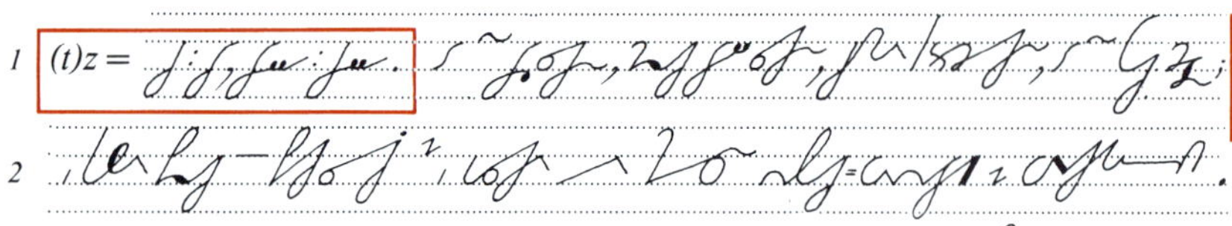

R 58: Bei Bedarf unterscheiden wir *tz* durch einen übergesetzten Punkt von *z* (vgl. *k : ck*).

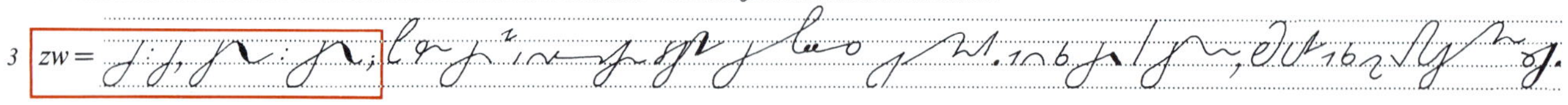

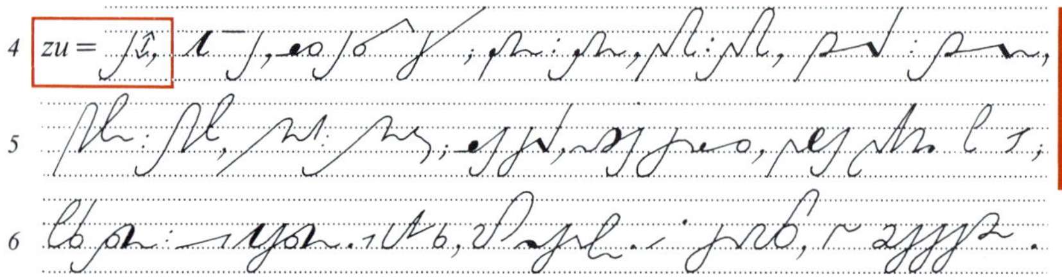

R 59: Alleinstehend ist *zu* zweistufig. Am Wortanfang wird *zu* wie *ge-* behandelt. Am Wortende schreiben wir *-zu* zweistufig abwärts, im Wortinnern (zur Verbindung) wie *z*.

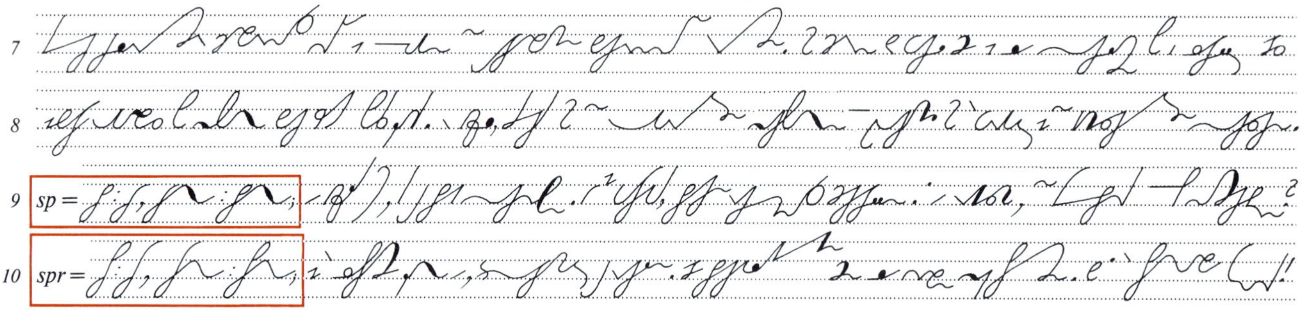

Ü: Telefonnotiz. Betreff: Verkaufsbezirk Zürich; Zeit: 11:45 Uhr; Anrufer: Frau Zenzen; Inhalt: 1. Strauch & Sprendlinger mit letzter Lieferung unzufrieden; zwei Zelte defekt, vermutlich durch unsachgemäßen Transport. 2. Spedition Sturz & Spitz, Kitzingen, sofort fernmündlich angewiesen, dieser Reklamation nachzugehen und uns das Ergebnis unverzüglich mitzuteilen. Gesprächspartner: Herr Moritz.

39 *zr* – Vorsilbenkürzel *zer-; l* nach Unterlängen

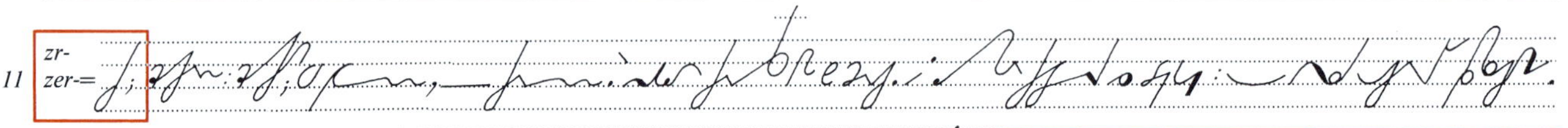

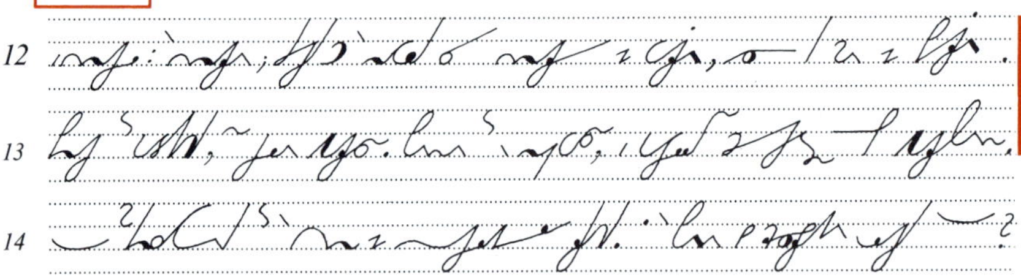

R 60: Folgt *l* auf einen Mitlaut, wird es auch nach Fußschleifenzeichen (Unterlängen) vorgelegt (vgl. *l* nach geraden Zeichen und Linksausläufen, R 46).

Können Sie richtig entspannen?

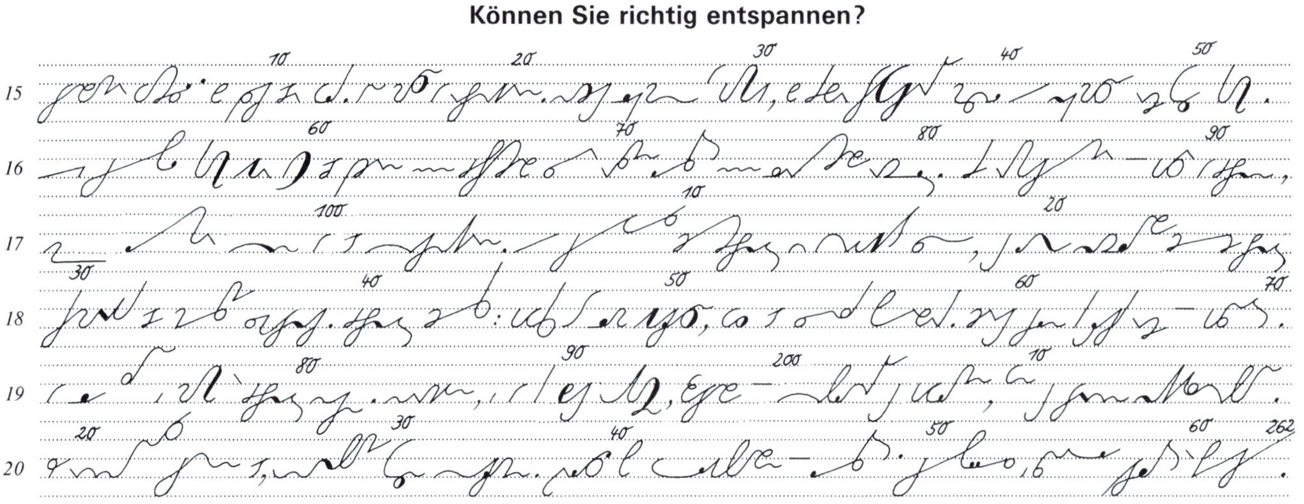

40 Kürzel: *zurück, zusammen, zwischen, zum, zur*

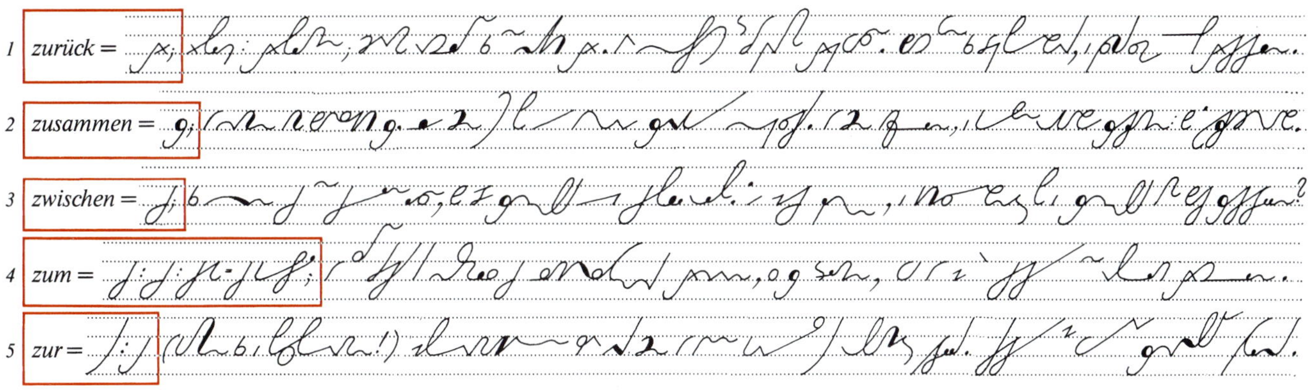

Ü: Wir dürfen nochmals auf unser letztes Telefongespräch zurückkommen. Inzwischen haben wir uns zur besseren Orientierung mit unserem Fachverband in Verbindung gesetzt, um zunächst die Zusammensetzung der Prüfungskommission zu erfahren. Mit diesem Brief erhalten Sie eine kurze Zusammenfassung der Besprechung.

41 *eu, äu*

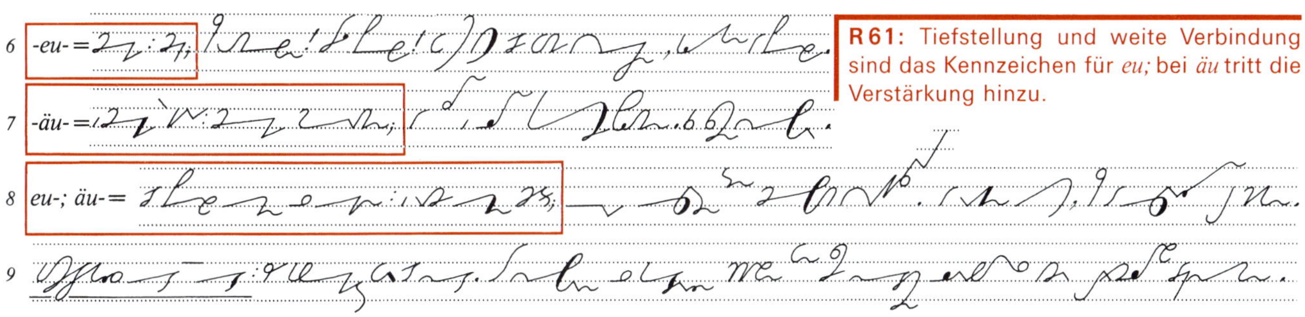

R 61: Tiefstellung und weite Verbindung sind das Kennzeichen für *eu;* bei *äu* tritt die Verstärkung hinzu.

Ü: Den sicheren Freund erkennt man in unsicherer Sache. So streng sind dort die Bräuche! Pläne sind die Träume der Verständigen. Die Reue ist der Übereilung Tochter. Er hatte etwas läuten gehört. Natur bringt manche Käuze ans Licht. Bei gutem Wetter kann jeder Steuermann sein. Wo Rauch ist, ist auch Feuer.

Einladung zum „Tag der offenen Tür"

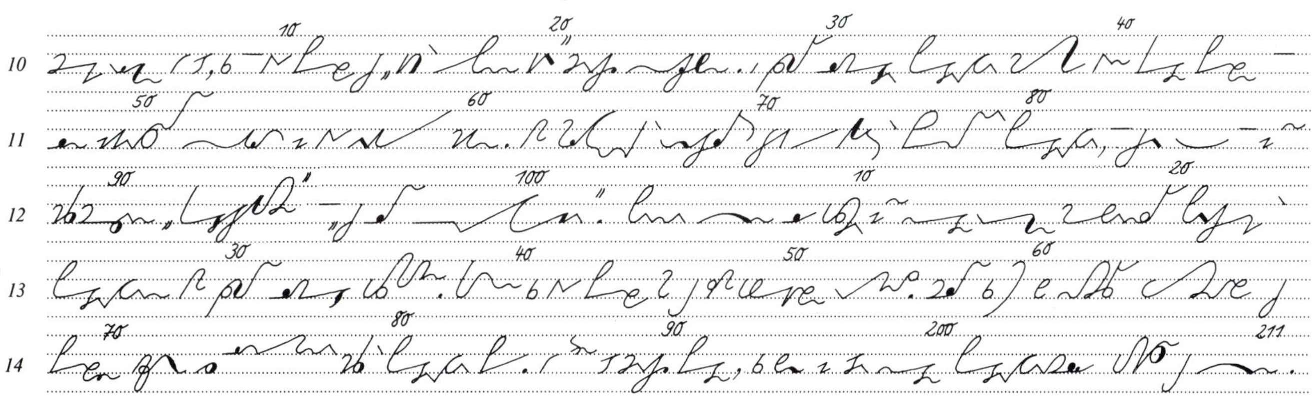

Gegenfragen stellen

Stenografieren Sie zunächst den jeweiligen Aussagesatz. Wandeln Sie ihn dann in eine Gegenfrage um, die Sie mit *„Ist es für uns von Bedeutung ...?"* einleiten. Stenografieren Sie dann auch die zugehörige Gegenfrage.

1. Wir kommen auf das Sonderangebot zurück.
2. Wir kaufen auch teure Erzeugnisse ein.
3. Wir stellen neue Prospekte zusammen.
4. Wir legen Empfehlungen und Zeugnisse vor.
5. Wir setzen alle Einzelteile zusammen.
6. Wir stellen neue Verkäuferinnen ein.
7. Wir prägen uns neue Kürzel fest ein.
8. Wir gewöhnen uns flottes Notieren an.

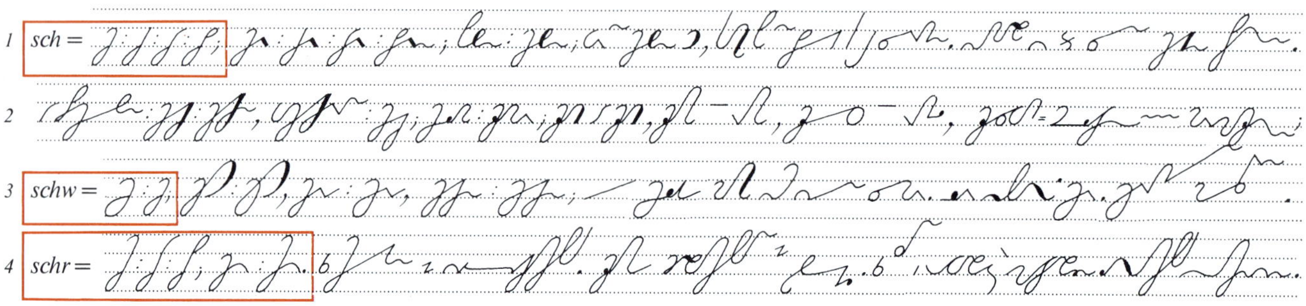

Nomen durch Adjektive ersetzen

Stenografieren Sie die folgenden Aussagen; setzen Sie dabei aber statt „aus England“ usw. „englische“ usw. ein.

1. Wir verhandeln mit Geschäftsfreunden aus England.
2. Wir sprechen mit Schülern aus Frankreich.
3. Wir hören Musik aus Nordamerika.
4. Wir empfangen Gäste aus Osteuropa.
5. Wir beziehen Nahrungsmittel aus Holland.
6. Wir erwarten Geschenke aus Schweden.
7. Wir kaufen Schuhe aus Italien.
8. Wir schätzen Plastiken aus Afrika.

43 Nachsilbenkürzel: *-(t)schaft, -(t)tum;* Kürzel: *schon, deutsch*

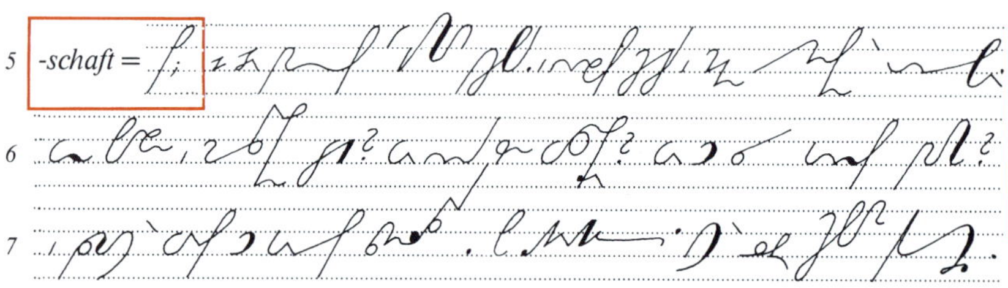

R 62: Das Zeichen für die Nachsilbe *-schaft* endet immer an der Untergrenze. Nach Bedarf wird das Zeichen verlängert und die Schleife verändert. Aufstrich-*t* wird (wie schon vor *-heit*) auch vor *-schaft* und *-tum* weggelassen.

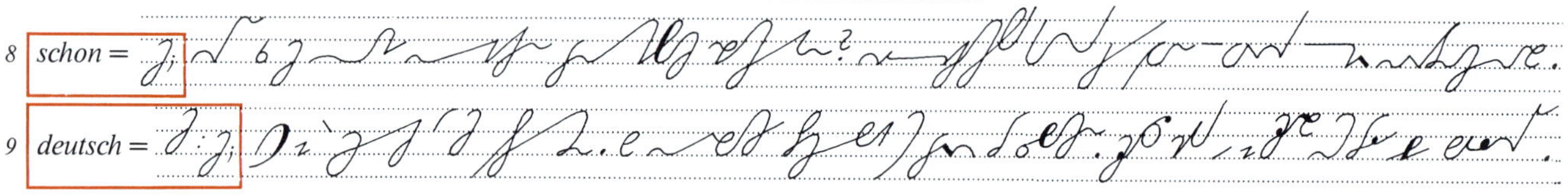

Verstehen Sie Deutsch?

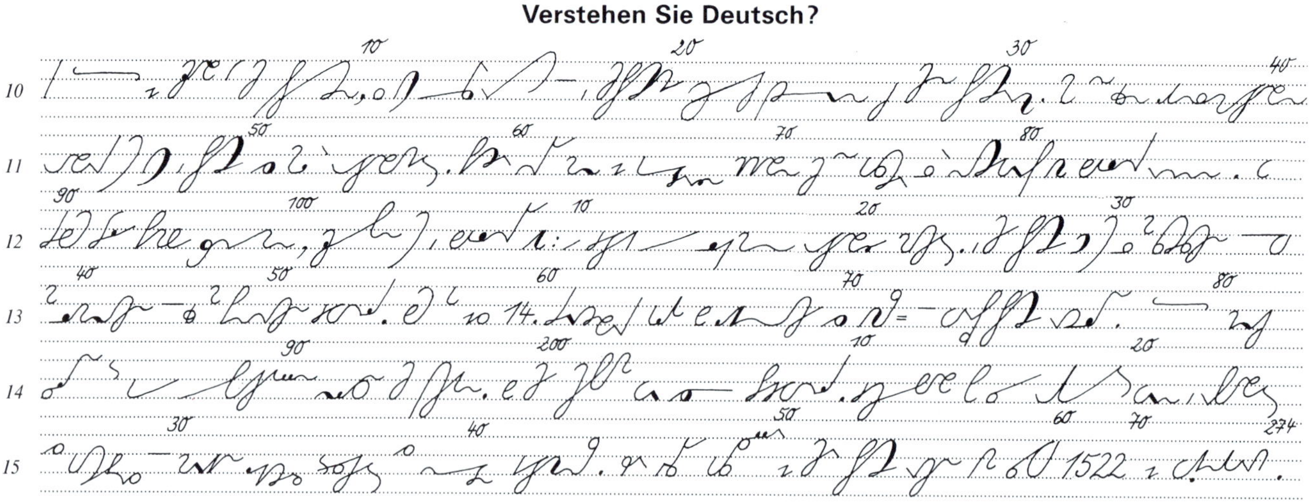

Fragen beantworten

Antworten Sie stenografisch und in vollständigen Sätzen.

1. Welche Länder gehören zum deutschen Sprachraum?
2. Woran konnte man früher Besucher schon erkennen?
3. Wann entsteht eine allgemein verständliche Mischung?
4. Aus welchen Dialekten hat sich das Deutsche entwickelt?
5. Was war bis ins 14. Jh. Amts- und Wirtschaftssprache?
6. Was war für das deutsche Schrifttum entscheidend?

831230

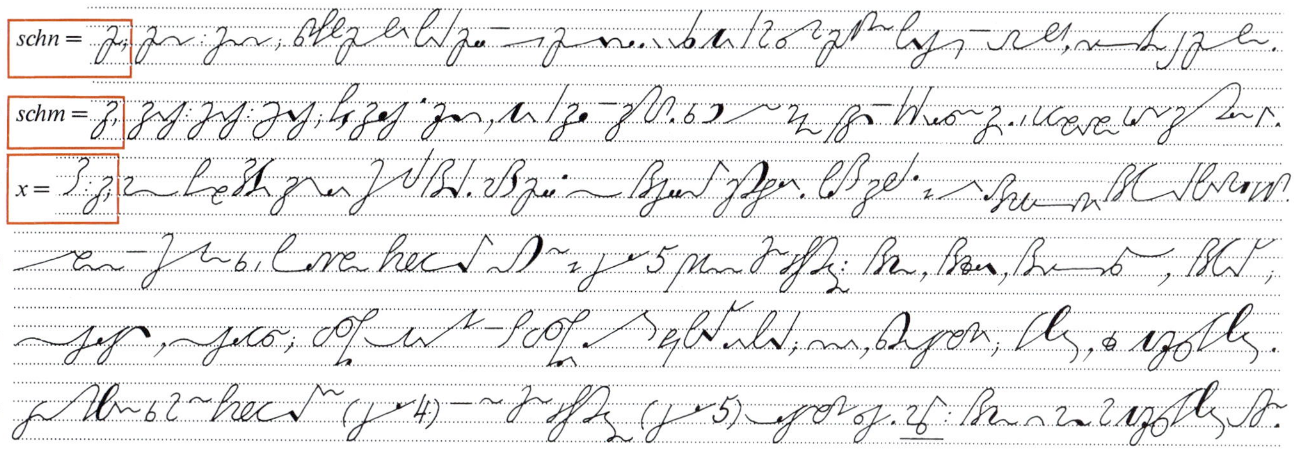

Ü: Wie kann man „exklusiv" verdeutschen? Gemeint ist mit „exklusiv" z. B. andere ausschließend, nur für einen bestimmten Personenkreis zugänglich: Herr Schmücker ist Mitglied eines exklusiven Luxemburger Klubs. Das Interview ist exklusiv für eine mexikanische Zeitung bestimmt. Exklusiv steht ferner für nicht alltäglich, vornehm, einmalig usw.: Herr Felix Schnell wohnte in einem exklusiven mexikanischen Hotel.

Achtung: Ferienstress!

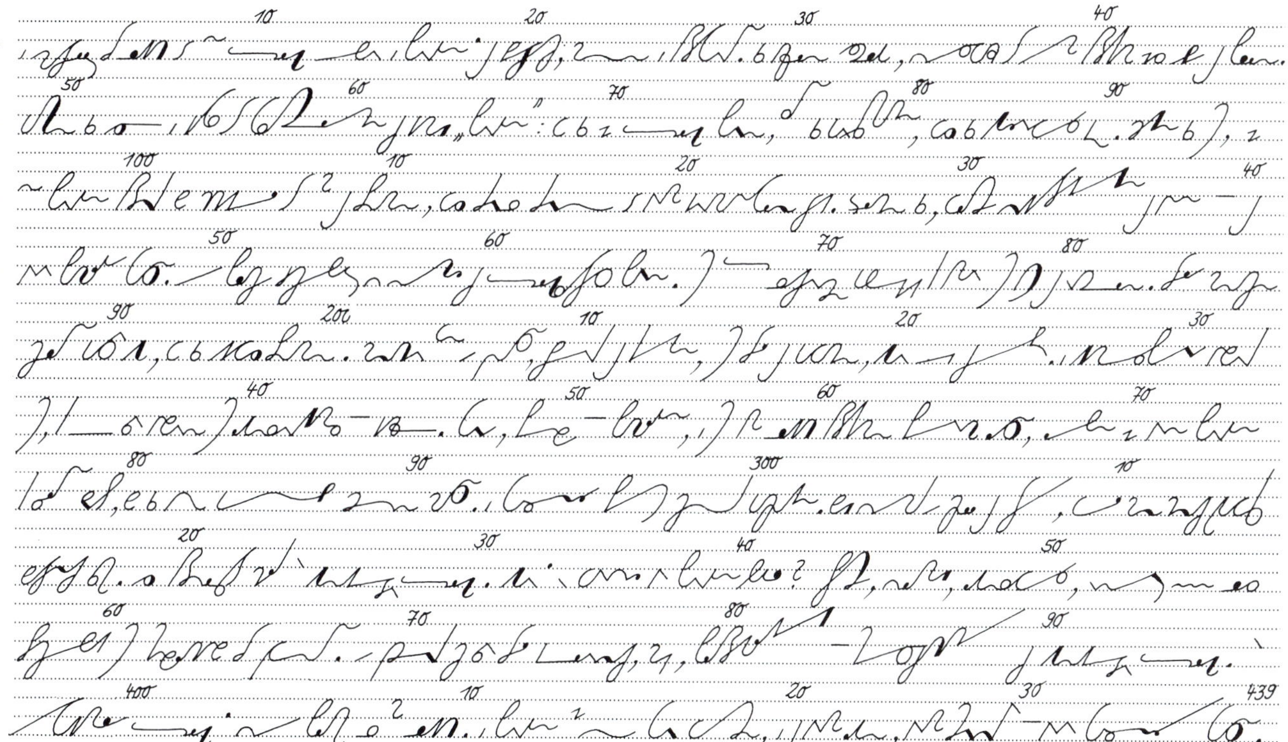

Aufgaben

1. Lesen Sie den Fließtext mehrmals, bis Sie ihn in 150 Sekunden schaffen.
2. Sammeln, ordnen und schreiben Sie mehrmals alle Wörter mit
   a) gekürzten Vorsilben und Vorwörtern;
   b) den Nachsilben *-ung, -lich, -keit;*
   c) Unterlängen (Fußschleifenzeichen);
   d) *rs* und linkswendigem s.
3. Verarbeiten Sie folgende Stichworte zu vollständigen Sätzen (als Ergänzung des obigen Fließtextes): Stress auch durch zu lange Ferien – gilt z. B. für Führungskräfte (sollten für Unternehmen erreichbar sein) – manchmal Angst vor Kampf ehrgeiziger Kollegen um Position des Urlaubers – Expertenmeinung: Urlaubslänge nicht entscheidend, sondern Ausbruch aus Routine – wichtig: Vermeidung von Übertreibungen.

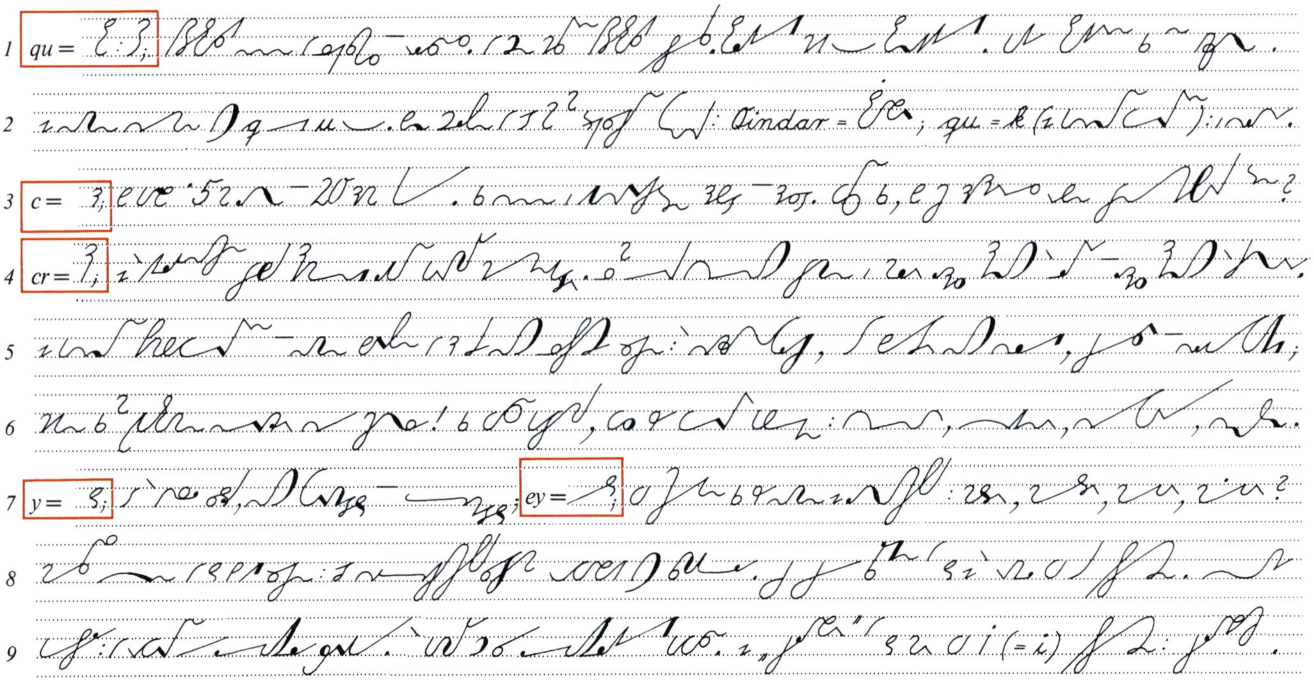

Ü: Unsere Olympiateilnehmer konnten sich für die Endkämpfe qualifizieren. Kennen Sie die City von Quebec? Der schottische Romanschriftsteller Cronin ist auch in Deutschland sehr bekannt. In der Bibliothek finden Sie u. a. Romane von Karl May. Der schweizerische Dichter Conrad = Konrad Ferdinand Meyer schrieb u. a. die Novelle „Der Schuss von der Kanzel". Der Speyerer Dom ist ein weltbekanntes Gebäude.

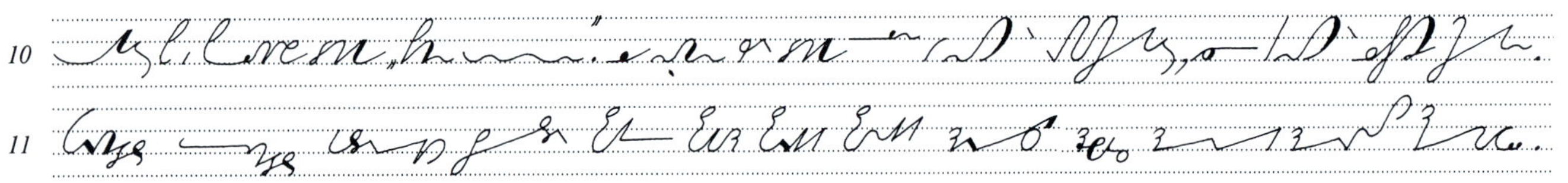

Fragen verneinen

1. Stenografieren Sie zunächst die Frage. 2. Verneinen Sie dann die Frage mit einem vollständigen Satz. Muster: Wollen Sie im nächsten Urlaub nach Paraguay fliegen? – *Nein, ich will im nächsten Urlaub nicht nach Paraguay, sondern nach Uruguay fliegen.* (Verfahren Sie sinngemäß ebenso bei den anderen Sätzen.)

a) Wohnt Ihre Freundin noch in Bayreuth? (Speyer)
b) Werden Sie im Herbst in Quito sein? (Quebec)
c) Ist das Musikstück ein Quartett? (Quintett)
d) Stammt das Gedicht von Carossa? (Claudius)
e) Stammt dieses Bild von Corot? (Corinth)
f) War Cromwell ein Amerikaner? (Engländer)

Sie haben es geschafft!

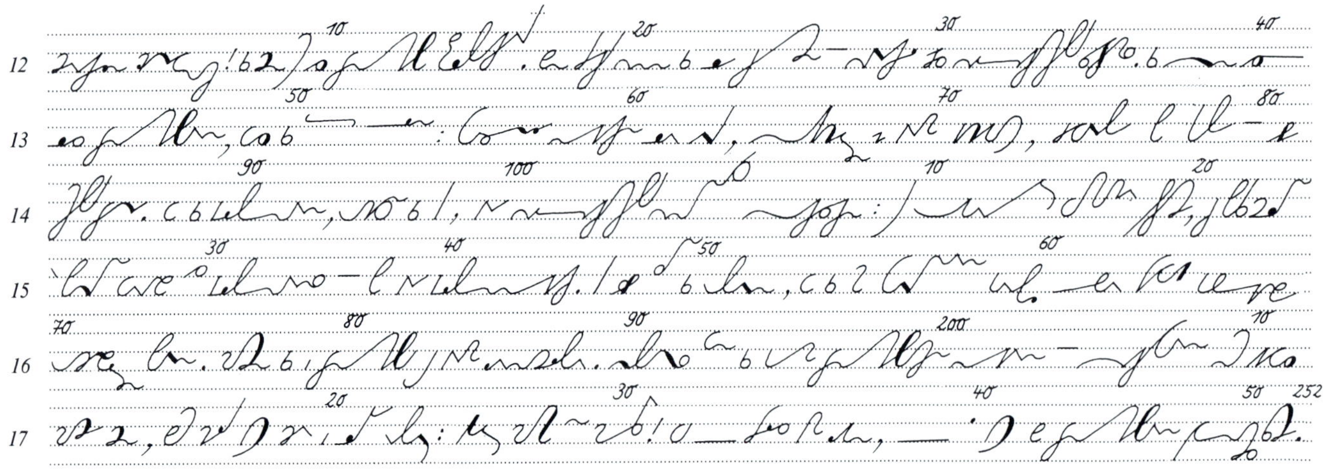

831232

Wir wiederholen (6)

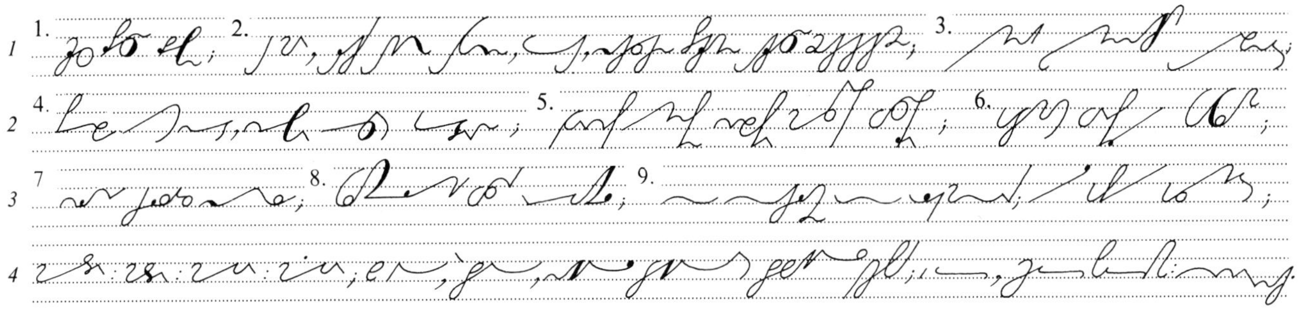

1. Folgt *l* unmittelbar auf einen Mitlaut, so wird es nach ..., ... und ... vorgelegt.
2. Alleinstehend ist *zu* ...stufig. Am Wortanfang wird *zu-* von der Untergrenze bis zum ... des nächsten Zeichens geschrieben. Am Wortende wird *-zu* ...stufig ...wärts geschrieben, im Wortinnern wie ...
3. Vor einer weiten Verbindung werden *ge-*, *un-* und *zu-* ...
4. Das Kennzeichen für *eu* ist ...stellung und ... Verbindung; bei ... tritt die Verstärkung hinzu.
5. Das Kürzel für die Nachsilbe *-schaft* endet immer an der ...; nach Bedarf wird das Zeichen ... und die Schleife ...
6. Aufstrich-*t* wird vor den Nachsilben ..., ... und ... weggelassen.
7. Je nach Aussprache darf *c* durch ..., ... oder ... ersetzt werden.
8. Je nach Aussprache darf *y* durch ..., ... oder ... ersetzt werden.
9. Es gibt 5 Silbenzeichen: ..., ..., ..., ... und ...

Lernen will gelernt sein

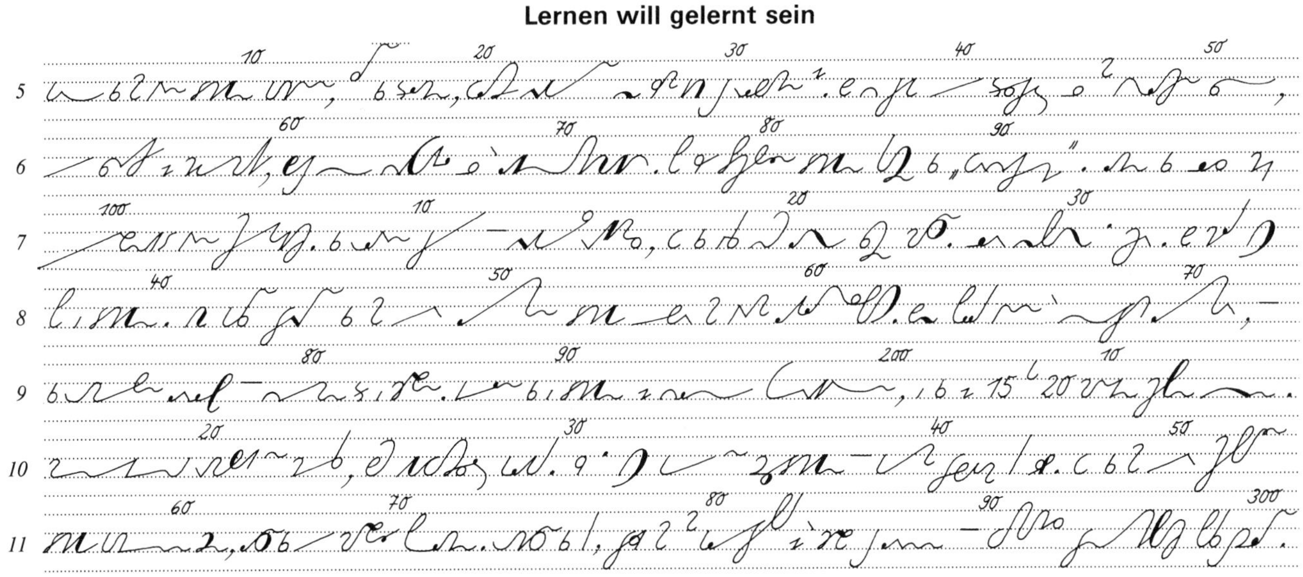

Aufgaben

1. Lesen Sie den Fließtext mehrmals, bis Sie ihn in 90 Sekunden schaffen.
2. Sammeln und ordnen Sie alle Wörter mit Aufstrich-*t* und *eit* sowie alle Fremdwörter. Üben Sie jedes Wort dreimal in Ihr Stenoheft. Achten Sie dabei stets auf deutliche und genaue Schrift.
3. Schreiben Sie nun jeden Satz zweimal. Lassen Sie sich danach den Text steigend ansagen.

Fragen beantworten

1. Was sollten Sie vor Beginn der Aufgaben überlegen?
2. Worin könnte Ihre Tagesarbeit z. B. bestehen?
3. Wie sichern Sie Zeitgewinn und Arbeitsrhythmus?
4. Womit sollten Sie am besten starten?
5. Wie sollten Sie Ihre Aufgaben einteilen?
6. Warum sollten Sie Monotonie vermeiden?
7. Was sollte auf eine schriftliche Aufgabe folgen?
8. Wie lernen Sie „mit dem Bleistift in der Hand"?

Stenografieren Sie Ihre Antworten auf die Fragen in vollständigen Sätzen.

Der Übergang vom Heft zum Block (vom Vierliniennetz auf die einfache Grundlinie) darf sich nicht schlagartig, sondern nur allmählich vollziehen. Wählen Sie einen Block mit möglichst weiten Linienabständen. Sie können sich zwischen einem Stenoblock im A5-Format und einem großen Block mit einfachen Linien im A4-Format entscheiden. Für stenografische Aufzeichnungen sind große Blocks besser geeignet.

Schreiben Sie jede Zeile der folgenden Spezialübung zunächst einmal ins Vierliniennetz, dann aber sofort dreimal auf die einfache (Grund)linie. Achten Sie dabei ganz besonders auf Schriftgröße und Schriftlage sowie auf Verbindungsweite und Verstärkung. So sorgen Sie für eine solide stenografische Gebrauchsschrift.

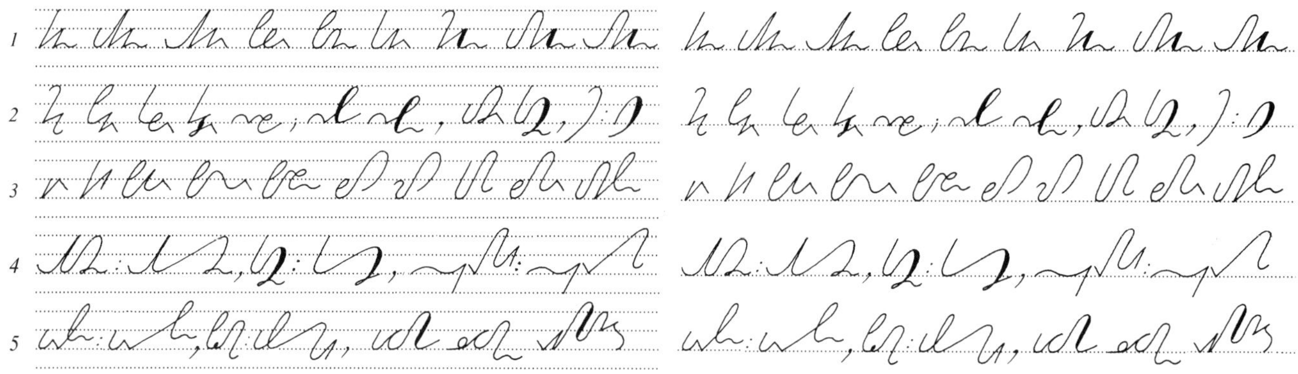

Wir trainieren Zeilensätze

Stenografieren Sie einen Zeilensatz zunächst ins Vierliniennetz. Schreiben Sie den Satz dann langsam und sorgfältig zweimal auf einfache Grundlinie. Achten Sie auf Lage, Größe, Verbindungsweite und Zeichenform.

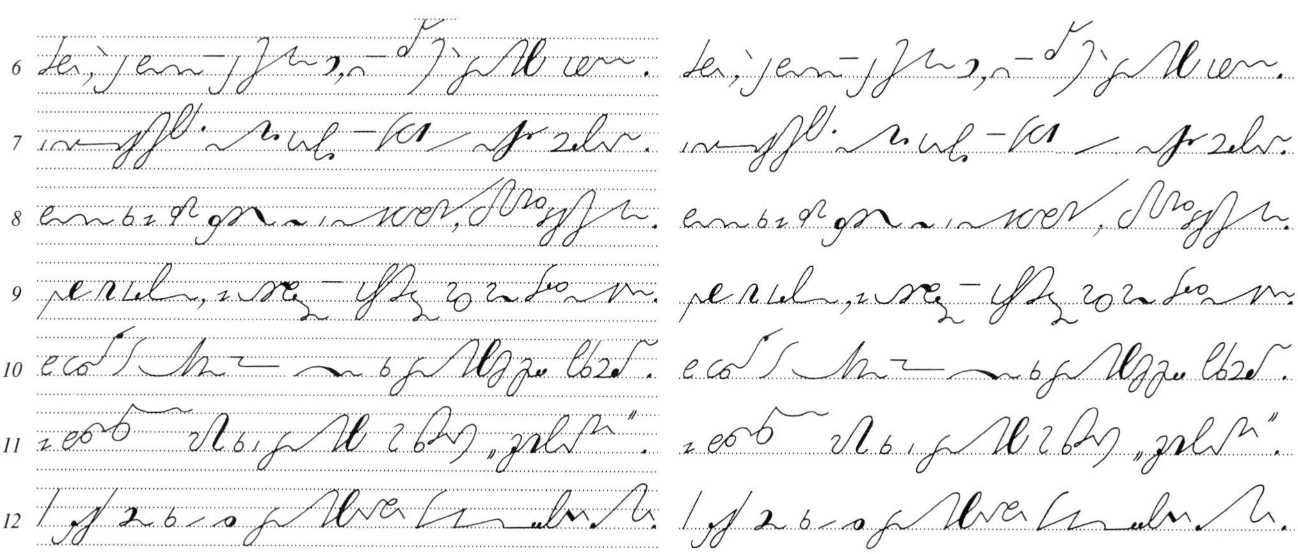

Wir unterscheiden

1. Lesen Sie alle Sätze. 2. Schreiben Sie Satz für Satz dreimal sorgfältig auf einfache Grundlinie.

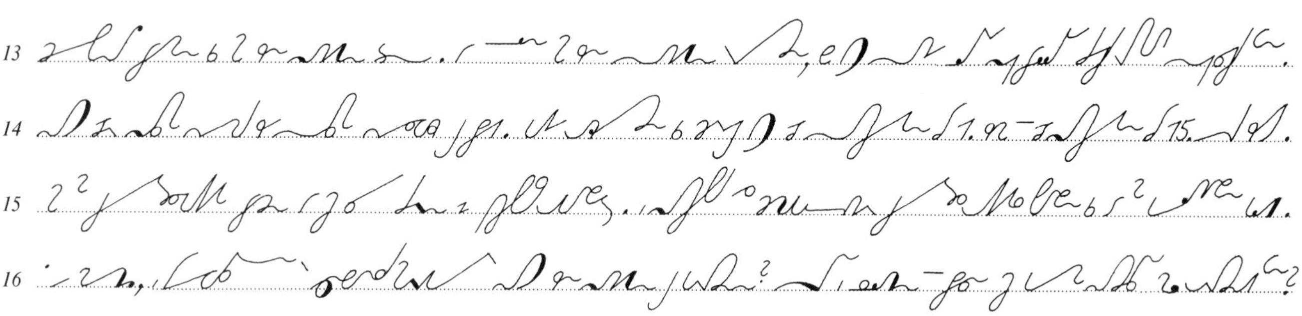

831234

47 Vom Heft zum Block (2)

Gutes Handwerkszeug ist eine wichtige Voraussetzung. Stenografieren Sie mit einem Stenofüller. Oder verwenden Sie einen gut angespitzten Bleistift im richtigen Härtegrad. Achten Sie auf holzfreies, glattes Papier, damit das Schreibgerät mühelos darüber gleitet. Sparen Sie also nicht am falschen Platz.

Die folgende Spezialübung bietet Zeichen, bei denen Sie auf korrekte Form besonders achten sollten. Schreiben Sie jede Zeile wiederum einmal ins Vierliniennetz und dann dreimal auf die einfache Grundlinie.

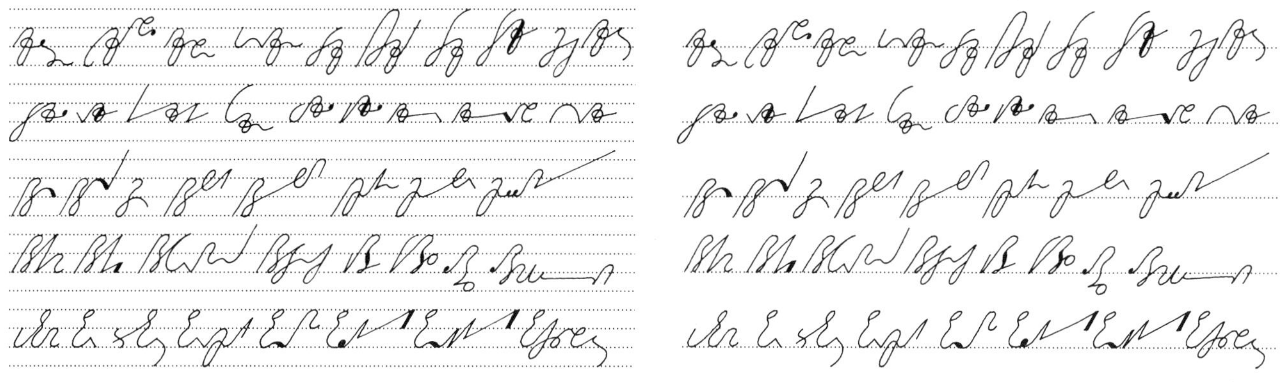

Ökologie – eine junge Wissenschaft

Aufgaben

1. Lesen Sie den Fließtext mehrmals, bis Sie ihn in 2 Minuten schaffen.
2. Sammeln und ordnen Sie alle Fremdwörter. Schreiben Sie jedes Fremdwort dreimal ins Vierliniennetz.
3. Schreiben Sie den ganzen Text einmal ins Vierliniennetz und einmal auf einfache Grundlinie.

Fragen beantworten

1. Womit beschäftigt sich die Ökologie?
2. Kennen Sie Teilgebiete der Ökologie?
3. Welche Forschung ist von besonderer Bedeutung?
4. Wie steht es mit der Lärmbelästigung?
5. Ist der Umweltschutz nur eine regionale Aufgabe?
6. Für wen ist die Lufthülle lebensnotwendig?
7. Was ist die Mahnung der Verantwortungsbewussten?
8. Was ist aber positiv zu vermerken?

Stenografieren Sie Ihre Antworten in vollständigen Sätzen auf einfache Grundlinie.

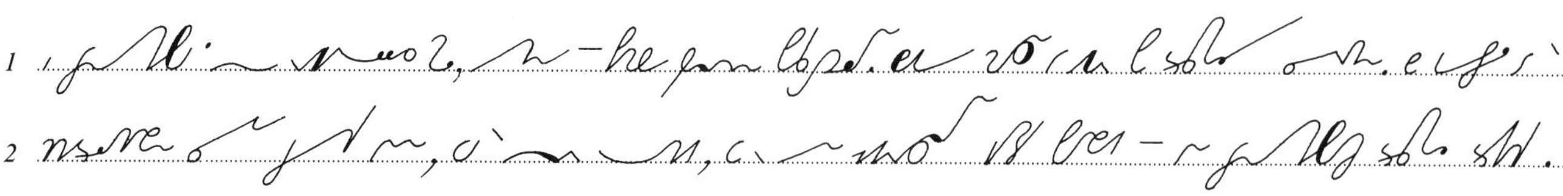

> **Tipps für Ihre stenografische Aufzeichnung**
> 1. Verwenden Sie A4-Blätter mit einfachen Linien (mit möglichst weiten Abständen).
> 2. Bedenken Sie: Ein Blatt Papier ist keine Sardinendose. Sorgen Sie für genügend freien Raum.
> 3. Gliedern Sie den Text in Absätze. Markieren Sie die Absätze mit den Absatzzeichen: ⸢
> 4. Lassen Sie nach jedem Absatz eine volle Zeile frei.
> 5. Heben Sie Wichtiges hervor. Sie können unterstreichen, Aufzählungsglieder nummerieren, Kernsätze einrücken und/oder einrahmen („einkästeln"). Ferner können Sie hervorheben durch senkrechte Doppelstriche am linken und/oder rechten Rand. Sie können auch verschiedene Farben zum Unterstreichen benutzen.

Aufgaben

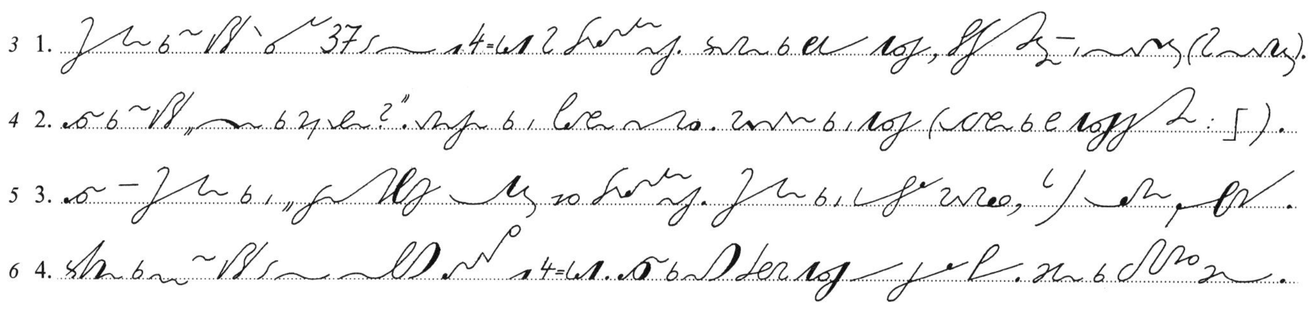

Können Sie gut reden? (Ergänzen Sie die fehlenden Kommas.)

Unter uns gibt es mehr „Sprachlose" als | gewöhnlich angenommen wird. Das sind Menschen die sich nicht zu Wort melden | weil sie sich nicht zutrauen öffentlich etwas zu sagen. Sie sprechen vielleicht zu | leise oder sie haben Angst weil es in ihrer Familie nicht üblich | war große Reden zu schwingen sich mitzuteilen und richtig darzustellen. | Unter uns gibt es zahllose Menschen 100

und Gruppen ohne einen Sprecher und | ohne die Macht der eigenen Sprache. Das sind z. B. die stillen und schwei|genden „Befehlsempfänger" in Firmen Betrieben und Behörden; Menschen die | sich nicht wehren können weil ihnen der Mut zum Sprechen genommen oder nie | gegeben wurde. Wer die richtigen Begriffe hat hat die Macht. Die Sprache | macht es. Was hilft? Zunächst vielleicht: selbst 200

sprechen zu lernen. Jedes Zögern und je|de Scheu sind völlig unangebracht wenn es darum geht die eigenen Vorstel|lungen Gefühle und Interessen zur Sprache zu bringen. Fangen Sie an: | Bescheidene Versuche in Vereinen und Gruppen unter Freunden können | der Anfang für Ihre praktischen Übungen sein. 1. Konzentrieren Sie | sich auf einen Punkt auf einen Gedanken 300

vertreten Sie ihn nach außen. Las|sen Sie sich durch redegewaltige wohltönende Zeitgenossen nicht ver|unsichern. 2. Halten Sie Stichworte fest. Noch während Ihre Gesprächspartner | reden notieren Sie stenografisch deren Kerngedanken. Dann schreiben Sie | ein paar Stichworte auf für Ihren mündlichen Beitrag. 3. Schwierige Pas|sagen können Sie auch wörtlich vorberei- 400

ten. Vergessen Sie aber nicht dass ei|ne Rede keine „Schreibe" ist: Bauen Sie kurze Sätze vermeiden Sie „Pa|pierstil". Nun wünschen wir Ihnen für Ihre Premiere im öffentlichen | Reden viel Erfolg. Sie werden sehen es klappt besser als Sie vielleicht denken. | Mit Selbstvertrauen werden Sie es schaffen! 480

831236

Beispiel: Übersichtliche stenografische Aufzeichnung

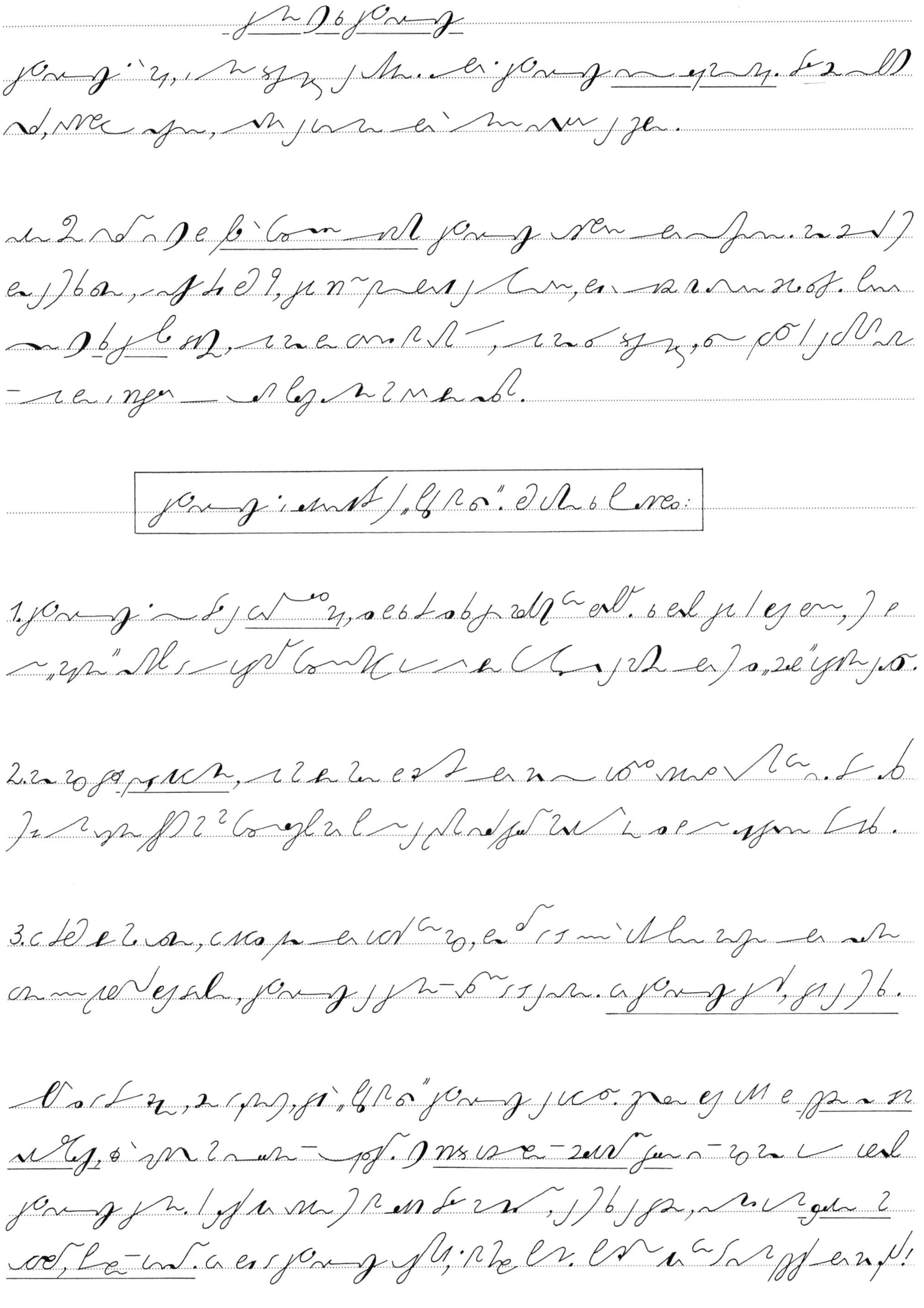

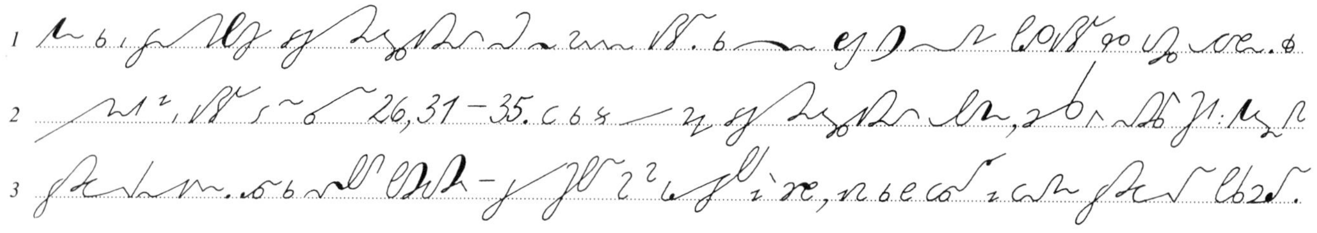

Aufgaben

1. Lesen Sie den Text „Fachbücher und Fachzeitschriften richtig auswerten". Setzen Sie dabei die fehlenden Kommas. Lesen Sie den Text noch einmal. Kennzeichnen Sie nun die Absätze (mit dem Absatzzeichen).
2. Lesen Sie die „Stenografische Vorübung". Schreiben Sie diese Übung mehrmals ins Vierliniennetz.
3. Übertragen Sie nun den Text auf ein einfach liniertes A4-Blatt. Lassen Sie nach jedem Absatz eine Zeile frei. Heben Sie Wichtiges durch Unterstreichen hervor.
4. Beachten Sie alle Hinweise des Textes über stenografische Stichwortnotizen. Fertigen Sie dann vom Text „Fachbücher und Fachzeitschriften richtig auswerten" eine Stichwortnotiz. Vergleichen Sie Ihre Lösung mit der Musterlösung auf Seite 40.

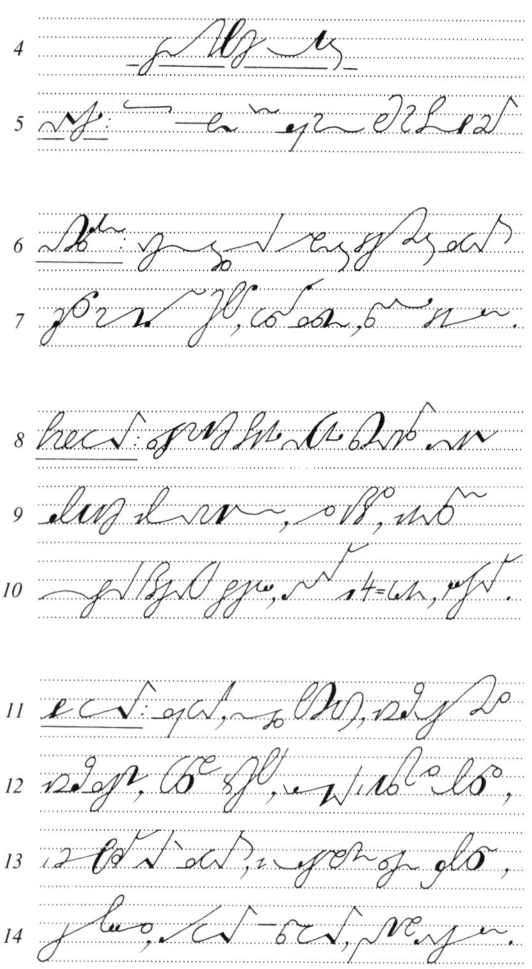

Fachbücher und Fachzeitschriften richtig auswerten

Fachbücher und Fachzeitschriften nützen | nur wenn sie systematisch ausgewertet werden. Wenn Sie ein neues Fachbuch | in Händen halten verschaffen Sie sich zunächst einen Überblick. Das Titel|blatt nennt den Verfasser den Titel den Untertitel den Erscheinungsort und | das Erscheinungsjahr. Überfliegen Sie sodann das Inhaltsverzeichnis. Es gibt | die Sachgebiete an und zeigt den Um- 100

fang der einzelnen Kapitel. Lesen | Sie auch das Vorwort. Es erläutert den Inhalt des Buches und die Absicht des | Verfassers. Überfliegen Sie schließlich das Sachregister das die vorkommen|den Hauptbegriffe in alphabetischer Ordnung erfasst. Für die Auswertung | der Informationen die Ihnen das Fachbuch gibt haben Sie mehrere | Möglichkeiten. Die folgenden Hinweise 200

gelten sinngemäß auch für Fachzeit|schriften deren regelmäßige Lektüre Ihnen von großem Nutzen sein | kann. 1. Sie können Ihre schriftlichen Aufzeichnungen in Form von Inhalts|auszügen gestalten. Wenn Sie den Hauptinhalt eines Textes in vollständi|gen Sätzen zusammenfassen erhalten Sie einen allgemeinen Inhalts|auszug den man auch „Konspekt" nennt. 300

2. Manchmal interessieren aber nur | einzelne Absätze eines Textes. Dann lesen Sie zwar die gesamte Text|vorlage doch für Ihre stenografische Aufzeichnung begnügen Sie sich | mit einem speziellen Inhaltsauszug auch „Exzerpt" genannt. 3. Die häufig|ste Art der Auswertung ist zweifellos die Stichwortnotiz. Suchen Sie für | jeden Absatz des Textes eine 400

passende Überschrift. Schreiben Sie die Über|schriften als „Leitwörter" untereinander. Unterstreichen Sie die Leitwör|ter. Hinter jedem Leitwort halten Sie dann die wesentliche Aussage in | Form von „Sinnwörtern" fest. Verwenden Sie für Inhaltsauszüge und Stichwort|notizen einfach linierte A4-Blätter. Sorgen Sie für genügend Leerzeilen. | Teilen Sie die einzelnen Zeilen sinn- 500

voll auf. Verwenden Sie für jeden | neuen Gedanken auch eine neue Zeile. 520

(Quelle: „Winklers Illustrierte")

831238

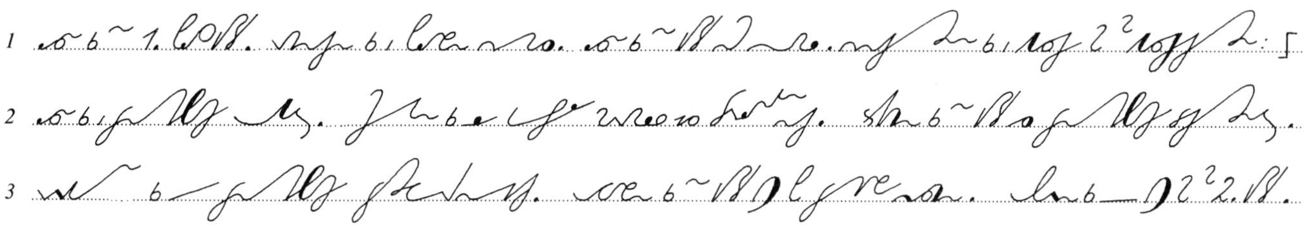

Erfolg mit Methode

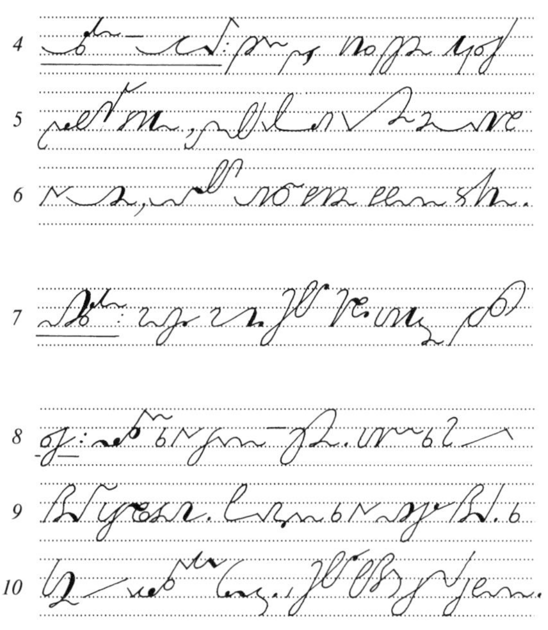

1. Denken Sie beim Planen stets an Blei|stift und Papier. Das menschliche Gehirn ist ein hervorragendes Werkzeug | zum Denken aber nicht zum Merken und Planen. 2. Analysieren Sie | Ihre Begabungen und Wünsche Ihre Stärken und Schwächen. Grundlage und | Beginn des Planens ist stets eine exakte Bestandsaufnahme. Sie zeigt Ih|nen welche Begabungen und Wünsche 100

Sie haben. 3. Legen Sie Ihr Vor|gehen genau fest. Formulieren Sie Ihre Nahziele so exakt wie mög|lich. Fragen Sie sich: Wen oder was brauche ich um mein Ziel zu erreichen? Was | muss ich selbst dazu tun? 4. Setzen Sie Ihre Pläne um. Damit die ein|zelnen Schritte aus dem Grundplan in das Tagesgeschehen umgesetzt werden | können brauchen Sie eine vernünftige 200

und realisierbare Zeit|planung. Formulieren Sie Ihre Tagespläne. Sie haben dann jeden Tag die | Gewissheit an Ihrem Erfolg zu arbeiten. Wenn Sie abends den Tagesplan | durchgehen um unerledigte Aufgaben auf spätere Tage zu | übertragen dann haben Sie die Gewissheit nichts zu vergessen. Mit den Bleistift | in der Hand planen das bringt Erfolg. 300

Denn die schriftliche Fixierung zwingt Sie al|le Vorhaben gründlich zu durchdenken. Nutzen Sie die Stenografie in Zu|kunft also auch für Ihre Planung. 340

(Quelle: „Winklers Illustrierte")

Was lässt sich gegen Ärger tun?

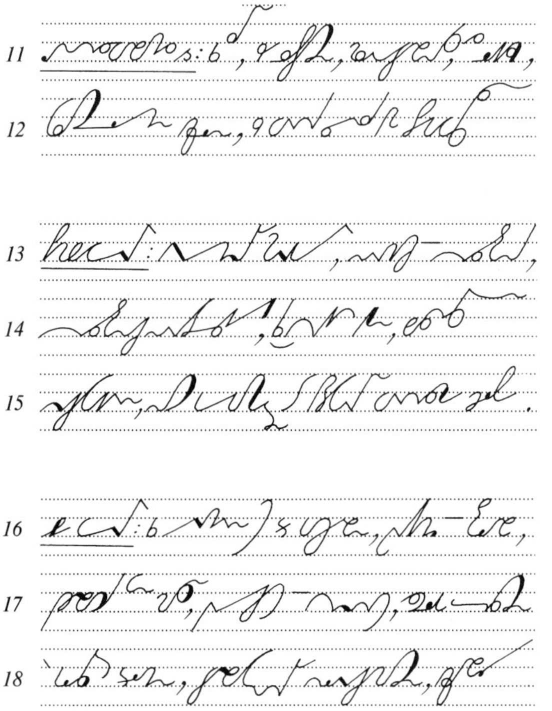

Die kleinen Nadelstiche des Alltags | machen vielen Menschen schwer zu schaffen. Sie ärgern sich über Beschwerden von | Kunden Kritik von Vorgesetzten und arrogante Mitarbeiter. Als Ab|hilfe empfehlen Psychologen drei Methoden die jedoch energisch und | konsequent gehandhabt werden müssen. 1. Versuchen Sie nicht unerträg|liche und quälende Vorkommnisse 100

zu verdrängen; sie wirken sonst als Gift | im Unterbewusstsein und führen zu Gereiztheit Nervosität und Krankheit. | Deshalb sollten Sie die Ursachen jeder Belastung überlegen und ih|nen auf den Grund gehen. Wichtig ist dabei jedoch Selbstkritik zu üben und | das Ergebnis der Erfahrung für die Zukunft zu akzeptieren. 2. Füh|ren Sie notwendige Aussprachen ruhig 200

und sachlich. Es gilt Missverständnis|se zu beseitigen Standpunkte klarzumachen und die Konsequenzen zu | ziehen. Nach den Beobachtungen der Experten ist dies eine wirksame | Hilfe. 3. Lernen Sie die üblichen Reibungen des Berufsalltags | ohne übertriebene Empfindlichkeit zu verkraften. Am besten nehmen | Sie solche Ereignisse mit Humor. 300

Lächeln Sie und betrachten Sie alles | mit ein wenig Selbstironie. Ein größerer Betrieb hat diese Erfahrun|gen seinen Mitarbeitern in Vorträgen und Diskussionen immer wie|der zum Bewusstsein gebracht. Das Ergebnis war überzeugend: Innerhalb eines |Jahres konnte die Betriebsleitung eine durchschnittliche Leistungs|steigerung von fast 20 Prozent feststellen. 400

(Quelle: „Winklers Illustrierte")

Musterlösung: Stichwortnotiz

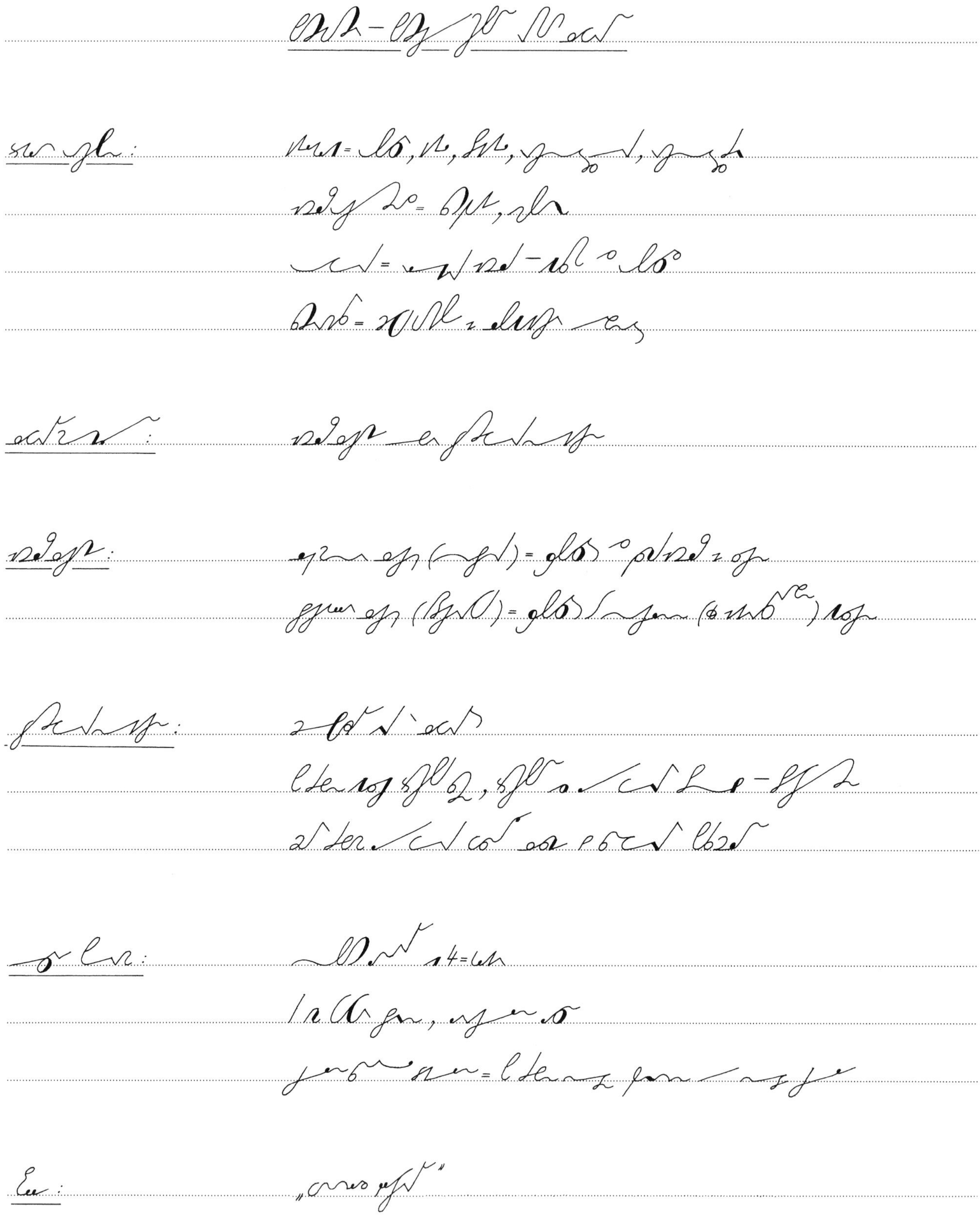

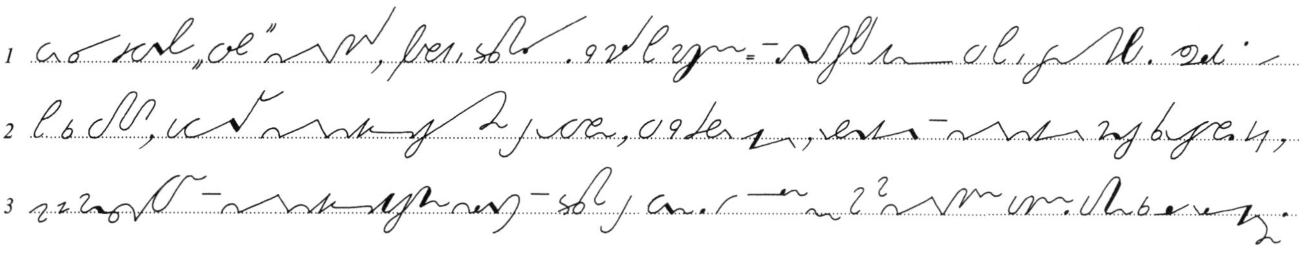

Streichungs- und Tilgungszeichen

1. Zum Streichen von Wörtern, Satzteilen oder ganzen Absätzen verwenden wir den Druckbuchstaben für das große H. Damit werden Anfang und Ende der zu streichenden Stelle genau begrenzt.
2. Soll etwas Überflüssiges gestrichen werden, brauchen wir noch das Tilgungszeichen. Es sieht aus wie das alte Zeichen für „Pfennig". Entstanden ist das Tilgungszeichen aus einem kleinen d für lateinisch „deleatur", d. h. „es werde getilgt". Soll eine Textstelle durch ein anderes Wort ersetzt werden, schreiben wir dieses Wort hinter das H-Zeichen.

Beispiel: Streichen überflüssiger Wörter und Verbessern durch andere Wörter

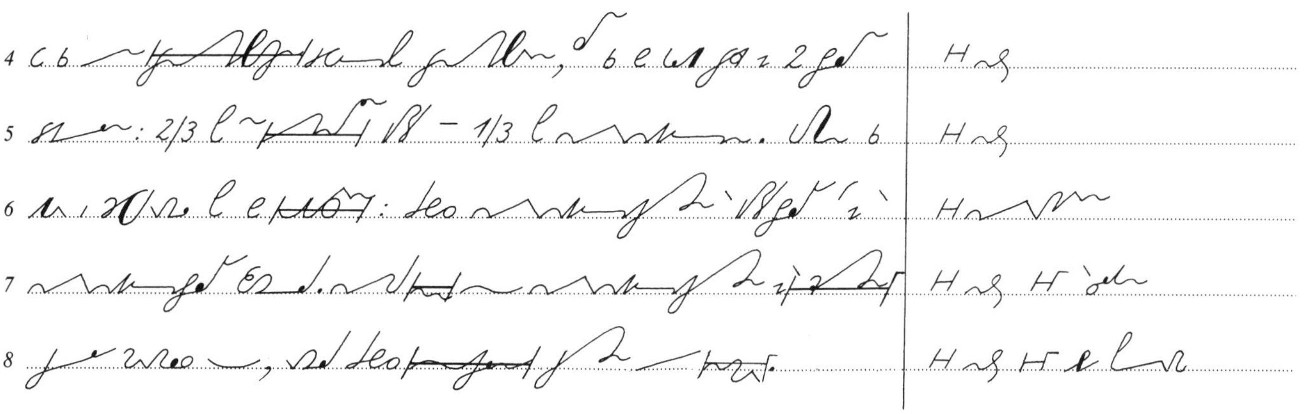

Aufgaben

1. Stenografieren Sie nun die endgültige Fassung der Zeilen 4 bis 8.
2. Übertragen Sie folgenden Text auf ein einfach liniertes A4-Blatt. Lassen Sie rechts einen 5,5 cm breiten Korrekturrand. Gliedern Sie den Text – wie gelernt – in Absätze.

Fernsehen ist zweifellos eine großartige Sache. Aber es kann das Lesen nicht ersetzen! Lesen ist nämlich „Nahrung des Geistes". So heißt ja – ins Deutsche übersetzt – die lateinische Inschrift auf der alten Berliner Bibliothek. Jeder Leser wird im Grunde von zwei großen Wünschen geleitet. 1. Er will etwas ganz Bestimmtes wissen. Er kann eine Frage nicht selbst beantworten und sucht darum Hilfe in Büchern. Sie lassen ihn keineswegs im Stich. 2. Der Leser will den kleinen Kreis seiner Erfahrungen gewaltig erweitern. Die Tatsachen sollen sein Wissen erweitern, neue Erfahrungen sollen sein Leben bereichern. Der Leser sucht Bücher, die seine Fantasie entzünden, die ihm eine noch unbekannte Welt vermitteln, indem sie die ihm schon bekannte Welt in einem anderen Licht, in anderer Perspektive darstellen.

3. Redigieren (verbessern) Sie Ihre Niederschrift, sodass sich folgende Endfassung ergibt:

Fernsehen ist eine gute Sache. Aber es kann das Lesen nicht ersetzen! Lesen ist „Nahrung des Geistes". So heißt – ins Deutsche übersetzt – die lateinische Inschrift auf der alten Berliner Bibliothek. Jeder Leser wird von zwei großen Wünschen geleitet. 1. Er will etwas Bestimmtes wissen. Er kann eine Frage nicht beantworten und sucht darum Hilfe in Büchern. Sie lassen ihn nicht im Stich. 2. Der Leser will den kleinen Kreis seiner Erfahrungen erweitern. Die Tatsachen sollen sein Wissen erweitern, neue Erfahrungen sollen sein Leben bereichern. Der Leser sucht Bücher, die seine Fantasie anregen, die ihm eine unbekannte Welt vermitteln, indem sie die ihm bekannte Welt in einem anderen Licht, in anderer Perspektive darstellen.

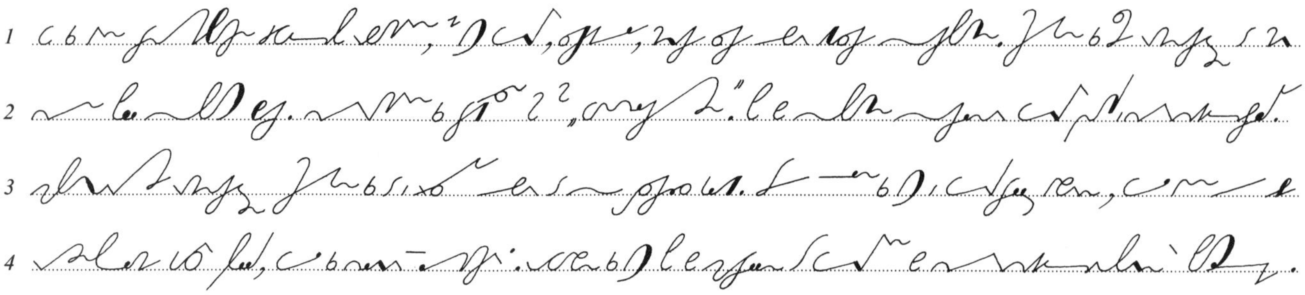

Winkelzeichen – Nummerieren beim Umstellen von Wörtern

1. Das „Winkelzeichen" ist ein F, dem der zweite Querstrich fehlt. Reicht die Korrekturspalte für die Ergänzung nicht aus, vermerken Sie dies („siehe Rückseite" oder „siehe Blatt ...").
2. Umzustellende Wörter werden in der Textspalte entsprechend nummeriert (beziffert); die Anzahl der Ziffern (z. B. „1–4") wird in der Korrekturspalte wiederholt. Verstellte Zahlen sind jedoch ganz durchzustreichen und in der richtigen Ziffernfolge in die Korrekturspalte zu schreiben.

Beispiel: Ergänzungen – Umstellen von Wörtern

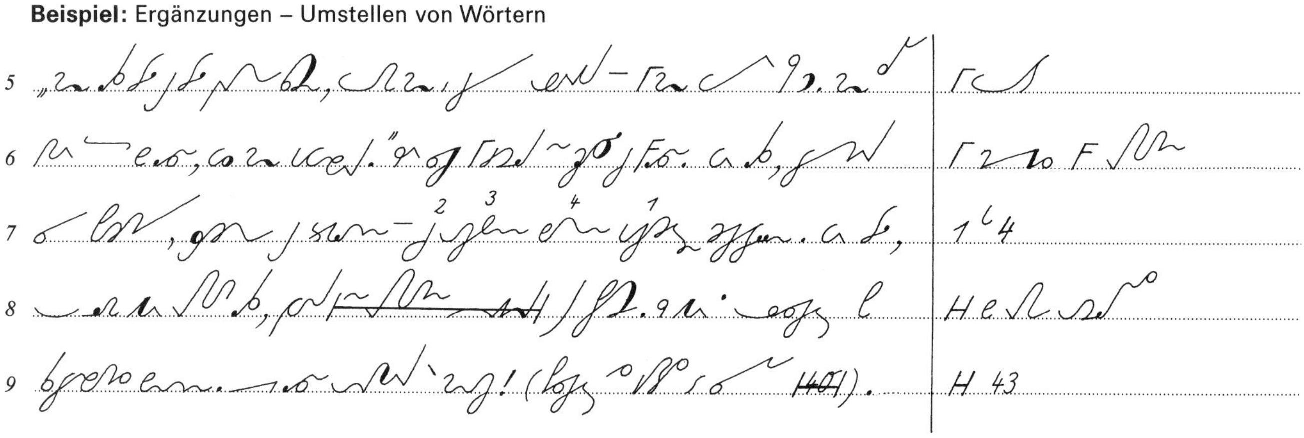

Aufgaben

1. Stenografieren Sie nun die endgültige Fassung der Zeilen 5 bis 9.
2. Übertragen Sie folgenden Text auf ein einfach liniertes A4-Blatt. Lassen Sie rechts wieder einen 5,5 cm breiten Korrekturrand. Gliedern Sie den Text in Absätze, heben Sie Wichtiges hervor.

Tipps für Vorstellungsgespräche. Sammeln Sie Informationen über die Firma, bei der Sie sich beworben haben. Dies freilich sollten Sie bereits getan haben, bevor der Gesprächstermin feststeht. Sie geraten dann nicht in Zeitdruck, wenn der Vorstellungstermin angesetzt wird. Gehen Sie nun daran, sich auf das Vorstellungsgespräch einzustimmen. Stellen Sie sich die Fragen: Wer wird mir gegenübersitzen? Welche Fragen will ich meinem Gesprächspartner unter Umständen stellen? Mit welchen Fragen muss ich rechnen? Dieser letzte Punkt ist besonders wichtig. Sie fahren am besten, wenn Sie eine möglichst umfassende Frageliste aufstellen und die besten Antworten auf diese Fragen überlegen und stenografisch notieren.

3. Redigieren (verbessern) Sie Ihre Niederschrift, sodass sich folgende Endfassung ergibt:

Tipps für Ihr Vorstellungsgespräch. Sammeln Sie Informationen über die Firma bzw. Behörde, bei der Sie sich beworben haben. Dies freilich sollten Sie schon getan haben, bevor der Gesprächstermin feststeht. Dann geraten Sie nicht in Zeitdruck, wenn der Vorstellungstermin kurzfristig angesetzt wird. Gehen Sie nun daran, sich auf das Gespräch einzustimmen. Stellen Sie sich ganz bestimmte Fragen: Wer wird mir gegenübersitzen? Welche Fragen will ich meinem Gesprächspartner stellen? Mit welchen Fragen muss ich rechnen? Dieser letzte Punkt ist sicherlich besonders wichtig. Am besten fahren Sie, wenn Sie eine möglichst umfassende Frageliste aufstellen und die treffendsten Antworten auf diese Fragen überlegen und notieren, selbstverständlich stenografisch.

831242

53 Stenografische Inhaltsauszüge

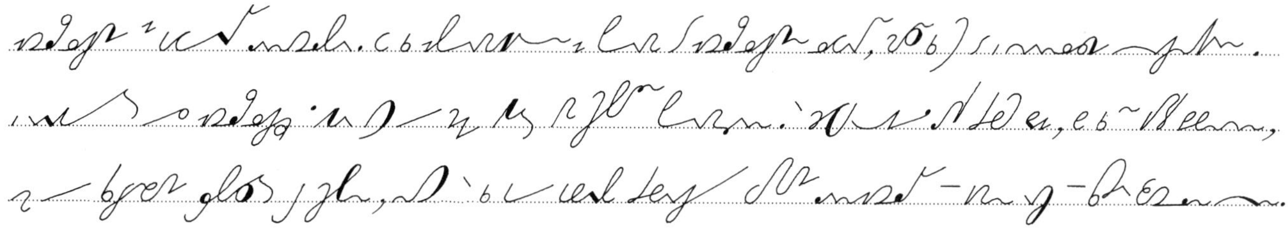

Tipps für Ihre stenografischen Inhaltsauszüge

1. Lesen Sie den Text aufmerksam. Konzentrieren Sie sich auf Kernaussagen.
2. Heben Sie die Hauptinformationen hervor (unterstreichen oder Textmarker).
3. Fassen Sie das Wesentliche jedes Absatzes in einem oder wenigen Sätzen zusammen. (Manchmal ist es auch ratsam, die Aussage von zwei oder mehr Absätzen zusammenzufassen.)
4. Besonders treffende Formulierungen des Textes können Sie auch wörtlich übernehmen.
5. Vergessen Sie nicht, die Quelle (Fundstelle) anzugeben (Verfasser, Titel, Ort, Jahr, Seite).

Aufgaben

1. Lesen Sie aufmerksam den Text „Vom Nutzen der Kurzschrift". Markieren Sie Absätze.
2. Konzentrieren Sie sich auf die Kernaussagen. Unterstreichen Sie die Hauptinformationen.
3. Geben Sie das Wesentliche jedes Absatzes stenografisch in Sätzen wieder.
4. Formulierungen, die Sie für besonders treffend halten, können Sie auch wörtlich übernehmen.
5. Vergleichen Sie Ihre Lösung mit der Musterlösung auf Seite 44.

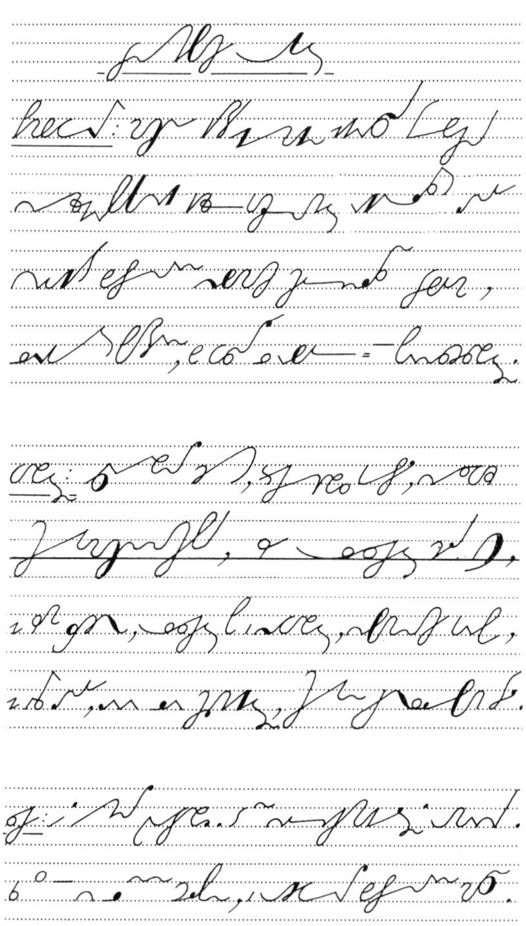

Vom Nutzen der Kurzschrift

Zweifellos gibt es auch in unserer |Zeit noch viele Gelegenheiten, statt auf einer Maschine oder einem |Textsystem mit der Hand zu schreiben. Der Stellenwert der Handschrift ist al|so auch heute noch außerordentlich hoch. In den letzten Jahren hat die Hand|schrift im Geschäftsleben sogar wieder an Bedeutung gewonnen. Ein über|zeugendes Beispiel hierfür sind die Kurz- 100

mitteilungen, die auch von großen Unter|nehmen verwendet werden. Es ist interessant, dass ein großer Teil die|ser Kurzmitteilungen keineswegs Schreibmaschinenschrift, sondern Handschrift zeigt. Voraussetzung für die Anwendung der Handschrift ist natürlich eine deutliche Schrift. Diese Voraussetzung gilt selbstverständlich auch für die Stenografie. Eigentlich ist es unverständlich, dass die 200

zeitsparende Kurzschrift in unserer Zeit der ständigen Tempobeschleunigung und Rationalisierung nicht in größerem Umfang über den kaufmännischen Beruf hinausgekommen ist. In erster Linie soll und kann die Stenografie nämlich all denen helfen, die kreative Arbeit zu leisten haben oder verantwortlich disponieren müssen. Denken wir 300

z. B. an die zahlreichen akademischen Berufe, besonders an Journalisten, aber auch an Lehrer aller Schulgattungen und nicht zuletzt an Schüler und Studenten, die bei ihrem Studium zwangsläufig viel mit der Hand schreiben müssen. Dabei geht es keineswegs nur darum, gelegentlich einige kurze Notizen hinzuwerfen, sondern sehr oft sind umfangreiche Schrift- 400

sätze abzufassen oder eine allererste Niederschrift der Gedanken für eine größere Ausarbeitung zu fixieren. Die Stenografie kann bei allen Notizen hervorragende Dienste leisten. Die Kurzschrift eignet sich ganz besonders zum Festhalten des Wesentlichen von Vorträgen, Referaten, aber auch von Radio- und Fernsehsendungen. Ganz besonders 500

überall dort, wo Zeit im wahrsten Sinne des Wortes Geld kostet, sollte die Langschrift durch die rationelle Kurzschrift ersetzt werden. 540

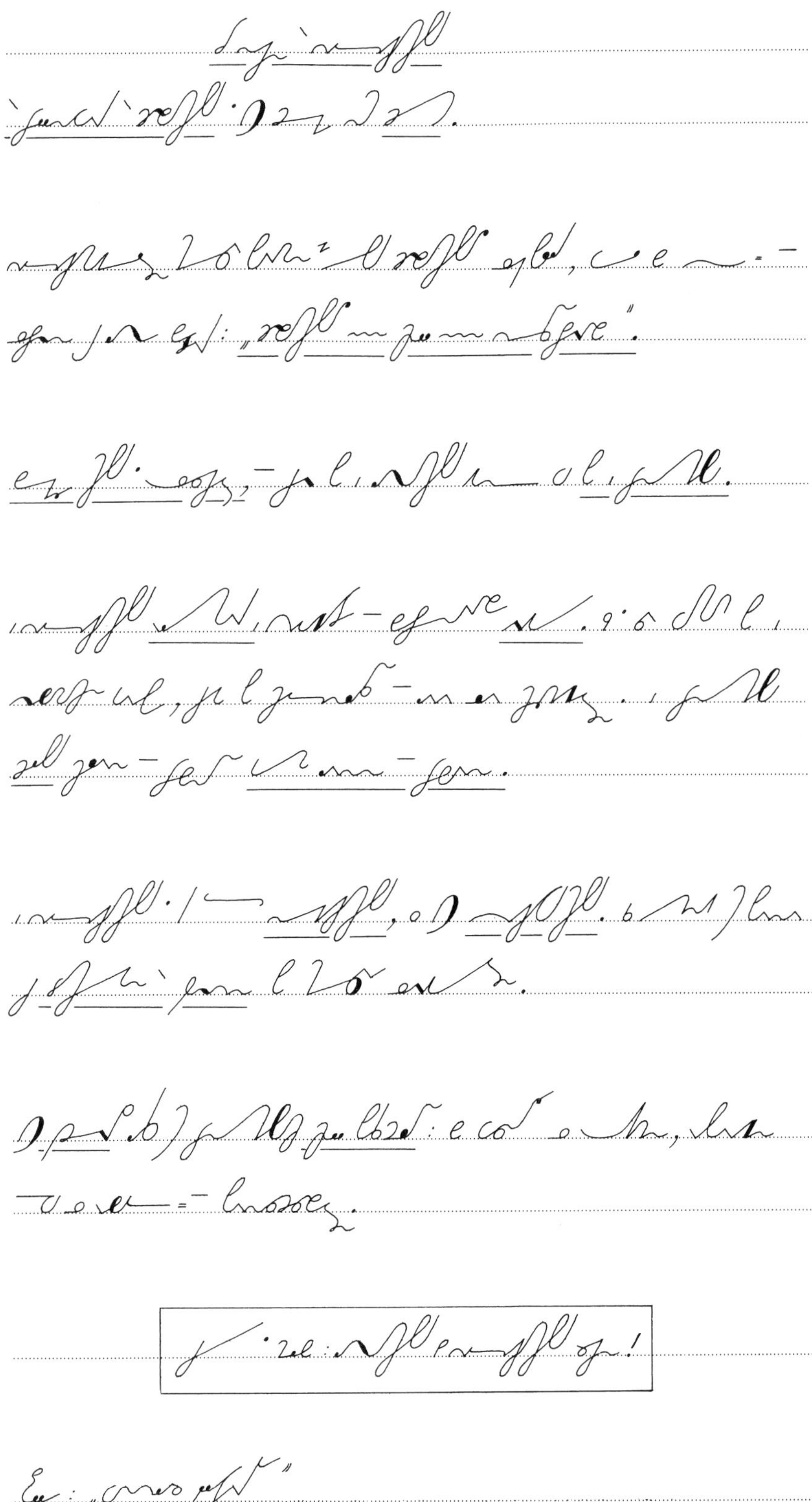

Hinweise:

Lassen Sie auch bei stenografischen Inhaltsauszügen einen breiten Korrekturrand. Sie können dort später auch noch zusätzliche Notizen (z. B. für Ihre Wiederholungen) vermerken.

Arbeiten Sie auch bei Inhaltsauszügen mit Hervorhebungen (z. B. Unterstreichen und Einrahmen).

Aufgaben:

1. Schreiben Sie den vollständigen Text (S. 43) auch als stenografische Aufzeichnung.
2. Arbeiten Sie den Text auch stenografisch durch.
3. Lassen Sie sich den Text dann in steigender Geschwindigkeit ansagen.

831244

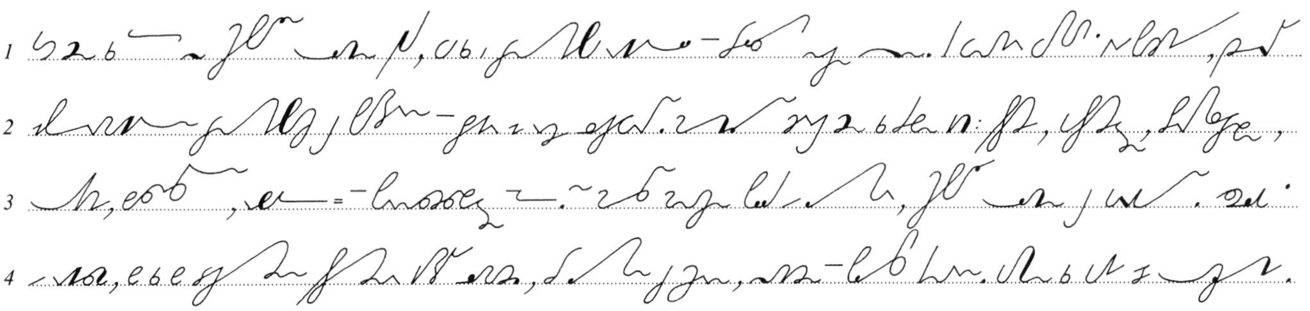

Stufenprogramm für die Verarbeitung auditiver Informationen

1. Stufe: Bekannte Texte (langsam) vorlesen lassen

Beginnen Sie damit, sich Fließtexte dieses Lernbuches sehr langsam vorlesen zu lassen. Sie können die Texte auch selbst auf Tonbandkassetten sprechen. Lassen Sie dann aber mindestens eine Woche vergehen, ehe Sie die Aufnahme abhören und danach Ihre stenografischen Notizen schreiben.

2. Stufe: Unbekannte Texte (absatzweise) vorlesen lassen

Hierzu eignen sich Texte aus Lernbüchern für andere Unterrichtsfächer. Lassen Sie sich auch Artikel aus Zeitungen und Zeitschriften langsam absatzweise (anfangs sogar jeden Absatz zweimal) vorlesen. Wählen Sie Themen, die Sie besonders interessieren und mit denen Sie schon recht gut vertraut sind.

Tipps für das Festhalten von Gehörtem

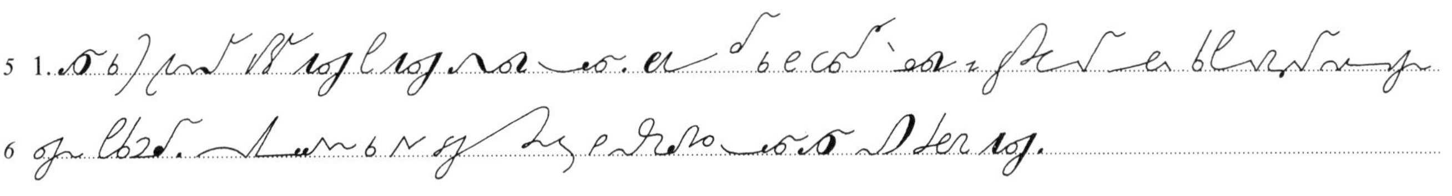

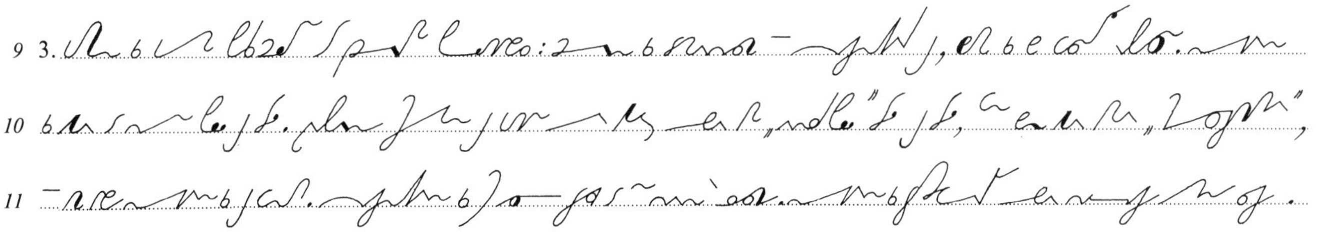

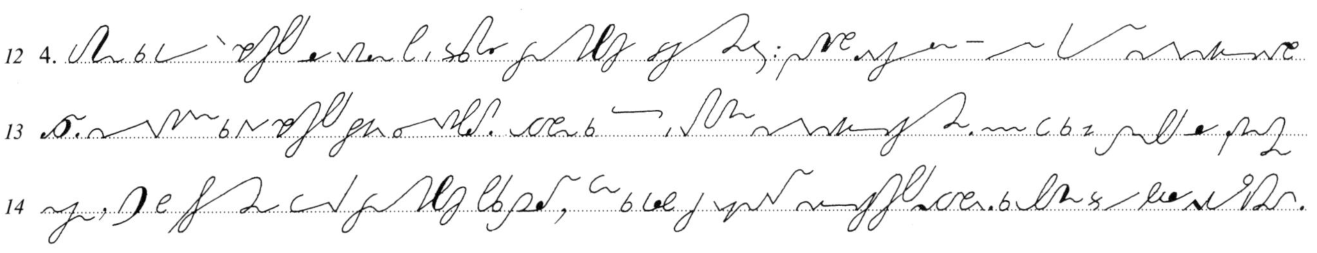

Systemübersicht

1. Zeichen für Mitlaute und Mitlautfolgen (Konsonanten und Konsonanzen)

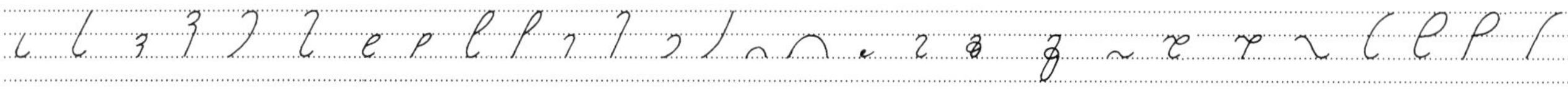

b br c cr ch cht d dr f fr g gr h j k kr l m mp mpf n nd ndr ng p pf pfr pr

qu r rd rdr rr rs s sch schm schn schr schw sp spr ss,ß st str t tr v w wr x y z zr zw

2. Sinnbilder der Selbstlaute (Symbole der Vokale)

e o a ö i ei ü ä u eu au äu

3. Zeichen für Selbstlaute (Vokale)

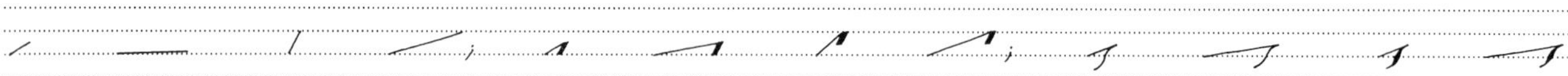

e o i ei a ö ü ä u eu au äu

(e-Gruppe) (a-Gruppe) (u-Gruppe)

4. Besondere Verbindungen (unmittelbare Verbindungen)

a) mit l:

b) mit s (ss):

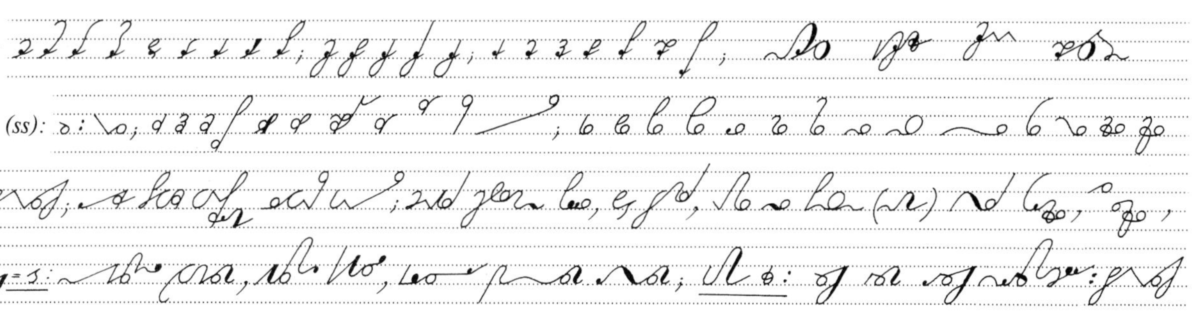

5. Besondere Unterscheidungen (nur bei Bedarf anwenden)

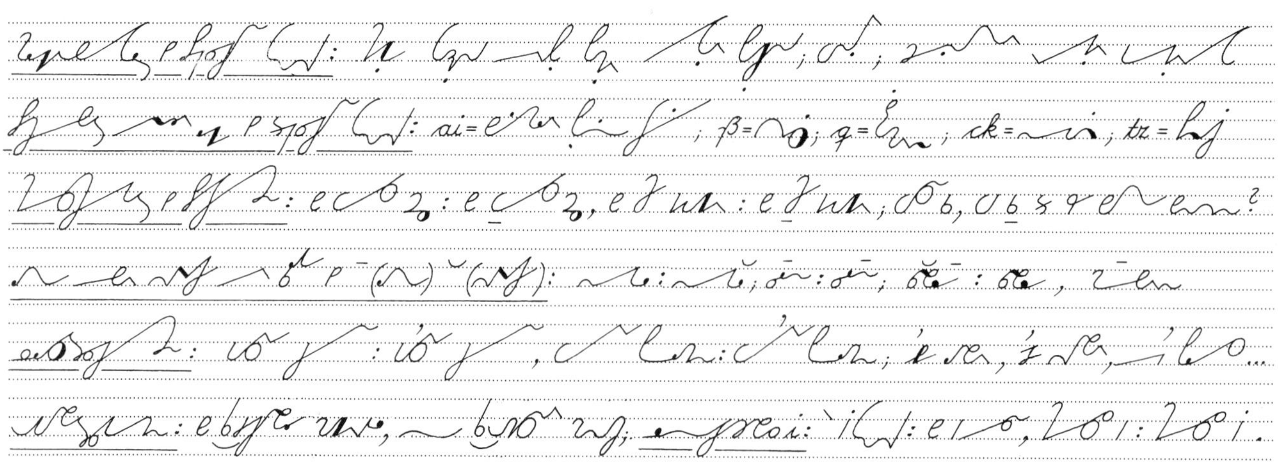

Verzeichnis der Kürzel und Silbenzeichen

(Die Zahlen nennen die Seiten, auf denen die Kürzel (Silbenzeichen) gelehrt werden.)

all 22
als(o) 25
ander 15
ant- 9
auf 16
aus 26
besonder(s) 19
bis 16
da- 14
dar 14
das, dass 14
d.h. 14
deine 18
dem 6
den 4
der 3
des 24
dessen 24
deutsch 30
die 3
dies 26
doch 14
Dr. (Doktor) 15
durch 14
ein 18

eine 18
eit 19
ent- 9
er(-) 5
er-r 5
es 4
ey 32
fort 16
für 16
ge- 6
gegen 6
hab, hast 10, 14
-haft 10
hat hast 10, 14
hatt- 5
hätt- 23
-heit 19
her 10
hin 16
hint- 16
ich 4
in 4
ion 16

ist 3
kann (kannst) 7, 14
keine 18
-keit 19
kon- 7
könn- 7
konnt- 7
-lich 22
meine 18
miss- (misse-) 26
mit(t) 16
nicht 6
nichts 24
nied(e)r 16
noch 10
nur 10
ohn(e) 4
rück- 20
-schaft 30
schon 30
sei 25
seid 25
seine 25
selbst 25

sich 10	*-l(l)ung* 22	*wir* 9
sie 24	*-r-ung* 12	*wird* *wirst* 9, 14
sind 3	*uns* *unser* 12	*wo* 9
so(-) 15	*unter* 11	*woll* 22
solch 25	*ver-* 11	*worden* 9
soll(st) 26	*vielleicht* 19	*wurd(e)* 15
sonder(n, s) 26	*voll* 22	*würd(e)* 20
-tum 19, 30	*völl-* 22	*zer-* 28
-tüm 19	*vom* 11	*zu(-)* 28
üb(e)r 20	*von* 11	
un- 12	*vor(der)* 11, 15	*zum* 29
und 3	*wenn* 9	*zur* 29
u(h)r 10	*werd-* 9	*zurück* 29
usw. 15	*wi(e)d(e)r* 16	*zusammen* 29
-ung 12	*will(st)* 22	*zwischen* 29

Wichtige Abkürzungen nach Art der Langschrift

allgemeine:

Monat, Jahr: 5. 5. 5.

Monatsnamen:

Maße, Gewichte u. Ä.: 15, 15, 15, 15, 15, 15, 15; 3, 3; 4, 4; 5.

Parteien, Organisationen u. Ä.:

Unternehmungsformen, Gesetzbücher:

831248